The
LITTLE BLACK SONGBOOK

DAVID BOWIE

ISBN: 978-1-78038-201-2

EXCLUSIVELY DISTRIBUTED BY

For all works contained herein:
Unauthorized copying, arranging, adapting, recording, Internet posting, public performance,
or other distribution of the music in this publication is an infringement of copyright.
Infringers are liable under the law.

Visit Hal Leonard Online at
www.halleonard.com

Contact us:
Hal Leonard
7777 West Bluemound Road
Milwaukee, WI 53213
Email: info@halleonard.com

In Europe, contact:
Hal Leonard Europe Limited
42 Wigmore Street
Marylebone, London, W1U 2RY
Email: info@halleonardeurope.com

In Australia, contact:
Hal Leonard Australia Pty. Ltd.
4 Lentara Court
Cheltenham, Victoria, 3192 Australia
Email: info@halleonard.com.au

Absolute Beginners...4
Alabama Song...7
Aladdin Sane (1913-1938-197?)...10
All The Madmen...15
All The Young Dudes...18
Always Crashing In The Same Car...20
Andy Warhol...22
Ashes To Ashes...12
Baal's Hymn...24
Be My Wife...28
Blue Jean...30
Boys Keep Swinging...32
The Buddha Of Suburbia...34
Candidate (alternate version)...36
Can't Help Thinking About Me...38
Cat People (Putting Out Fire)...40
Changes...43
Chant Of The Ever Circling Skeletal Family...46
China Girl...50
Cracked Actor...52
Cygnet Committee...54
Day-In Day-Out...47
Dead Man Walking...58
Diamond Dogs...62
D.J....65
Drive-In Saturday...68
Eight Line Poem...71
Everyone Says 'Hi'...72
Fame...78
Fashion...80
Five Years...82
Golden Years...75
Hallo Spaceboy...84
"Heroes"...86
I Have Not Been To Oxford Town...88
In The Heat Of The Morning...94
The Jean Genie...91
Joe The Lion...96
John, I'm Only Dancing...98
Jump They Say...100
Kooks...102
Lady Grinning Soul...104
Lady Stardust...106
The Laughing Gnome...111
Let's Dance...114
Letter To Hermione...116

Life On Mars?...118
Little Wonder...108
The London Boys...120
Look Back In Anger...122
Love You Till Tuesday...124
Loving The Alien...126
Maid Of Bond Street...132
The Man Who Sold The World...134
Modern Love...136
Moonage Daydream...138
Never Let Me Down...140
New Killer Star...129
Nite Flights...142
Oh! You Pretty Things...146
Please Mr. Gravedigger...144
Queen Bitch...149
Quicksand...152
Rebel Rebel...155
Rock 'N' Roll Suicide...158
The Secret Life Of Arabia...160
Seven...162
Silly Boy Blue...164
Slow Burn...166
Sorrow...172
Sound And Vision...174
Space Oddity...169
Starman...176
Station To Station...179
Strangers When We Meet...182
Suffragette City...185
The Supermen...188
This Is Not America...190
Thursday's Child...192
Time...194
TVC 15...200
Under Pressure...197
Underground...202
Unwashed And Somewhat Slightly Dazed...205
Velvet Goldmine...208
We Are The Dead...210
The Width Of A Circle...213
Wild Is The Wind...216
Young Americans...218
Ziggy Stardust...222

Playing guide...224

Absolute Beginners

Words & Music by David Bowie

[Chord diagrams: D, Dsus4, A, Asus4, Bm, Amaj7, Edim, F#, G, C, Em, Dmaj7]

Intro

    D
Ba-ba-ba, ooom,

Dsus4   **A**   **Asus4**   **A**
Ba-ba-ba, ooom, ba-ba-ba, ooom,

Asus4   **D**   **Dsus4**   **D**
Ba-ba-ba, ooom, ba-ba-ba, ooom,

Dsus4   **A**   **Asus4**   **A**
Ba-ba-ba, ooom, ba-ba-ba, ooom,

Asus4   **D**
Ba-ba-ba, ooom.

Verse 1

   D   **Bm**
I've nothing much to offer,

Amaj7   **Edim** **F#**
There's nothing much to take.

G   **D**
I'm an absolute beginner

C   **Bm**   **Em** **A**
But I'm absolutely sane.

Verse 2

   D   **Bm**
As long as we're together

Amaj7   **Edim** **F#**
The rest can go to hell.

G   **D**
I absolutely love you

C   **Bm**
But we're absolute beginners

G   **D**
With eyes completely open

F#   **A**
But nervous all the same.

© Copyright 1986 Jones Music America.
RZO Music Ltd.
All Rights Reserved. International Copyright Secured.

	D
Chorus 1	If our love song

Dmaj⁷   **G**
  Could fly over mountains,

                     Bm
Could laugh at the ocean

          F♯
Just like the films

Em   **A** **D**
There's no reason

Dmaj⁷   **G**
  To feel all the hard times,

                Bm
To lay down the hard lines,

           A
It's absolutely true.

Link 1

Asus⁴   **A**   **Asus⁴**   **A**
  Ba-ba-ba, ooom, ba-ba-ba, ooom,

Asus⁴   **D**
  Ba-ba-ba, ooom.

Verse 3

D   **Bm**
  Nothing much could happen,

Amaj⁷   **Edim** **F♯**
  Nothing we can't shake.

G   **D**
  Oh, we're absolute beginners

C   **Bm** **Em** **A**
  With nothing much at stake.

Verse 4

D   **Bm**
  As long as you're still smiling

Amaj⁷   **Edim** **F♯**
  There's nothing more I need.

G   **D**
  I absolutely love you

C   **Bm**
  But we're absolute beginners.

G   **D**
  But if my love is your love

F♯   **A**
  We're certain to succeed.

Chorus 2
      D
If our love song
  Dmaj7   **G**
  Could fly over   mountains,
                Bm
Could sail over heartaches
       F♯
Just like the films
Em A   **D**
If   there's reason
  Dmaj7   **G**
  To feel all the hard times,
             Bm
To lay down the hard lines,
        A
It's absolutely true.

Coda

D	D	G	G	
Bm	Bm	F♯	Em A	
D	D	G	G	
Bm	Bm	Asus4	Asus4	
D	D	G	G	
Bm	Bm	F♯	Em A	D ‖

To fade

Alabama Song

Words by Bertolt Brecht
Music by Kurt Weill

Intro | Cm(add11) | Cm(add11) ||

Verse 1
       Cm(add11)
Oh, show me the way to the next whiskey bar,
C7♭5   D♭7♭5   C7♭5   D♭7♭5
Oh, don't ask why,   no, don't ask why.
Cm(add11)
   For we must find the next whiskey bar

Or if we don't find the next whiskey bar
C7♭5   D♭7♭5   C7♭5   D♭7♭5
I tell you we must die, I tell you we must die.
C7♭5 D♭7♭5 C7♭5 D♭7♭5 C7♭5 D♭7♭5 C7♭5 D B7
I tell you,   I tell you,   I tell you we must die.

Chorus 1
     B6   G   Gmaj7
Oh, moon of Ala - bama,
    Em   Edim
It's time to say good-bye
   B11   E♭6
We've lost our good ol' mama,
D   E9
  And must have whiskey, oh, you know why.

© Copyright 1931 Universal Edition.
Reproduced by permission of Alfred A. Kalmus Limited.
All Rights Reserved. International Copyright Secured.

Chorus 2
      G   **Gmaj7**
Oh, moon of Ala - bama,
  Em   **Edim**
It's time to say good-bye
   E♭6   **Em**
We've lost our good ol' mama,
D   **G**
And must have whiskey, oh, you know why.

Verse 2
  Cm(add11)
Oh, show us the way to the next little dollar
C7♭5   **D♭7♭5** **C7♭5**   **D♭7♭5**
Oh, don't ask why,   oh, don't ask why.
  Cm(add11)
For we must find our next little dollar

Or if we don't find our next little dollar
C7♭5   **D♭7♭5** **C7♭5**   **D♭7♭5**
I tell you we must die,   I tell you we must die.
C7♭5 **D♭7♭5** **C7♭5** **D♭7♭5** **C7♭5** **D♭7♭5** **C7♭5** **D** **B7**
I tell you,   I tell you,   I tell you we must die.

Chorus 3
B6 **G**   **Gmaj7**
Oh, moon of Ala - bama,
  Em   **Edim**
It's time to say good-bye
  B11   **E♭6**
We've lost our good ol' mama,
D   **Em**
And must have dollar, oh, you know why.

Chorus 4
      G   **Gmaj7**
Oh, moon of Ala - bama,
  Em   **Edim**
It's time to say good-bye
   E♭6   **Em**
We've lost our good ol' mama,
D   **Em**
And must have dollar, oh, you know why.

Verse 3
        Cm(add11)
          Oh, show us the way to the next little little girl
C7♭5   **D♭7♭5** **C7♭5**   **D♭7♭5**
Oh, don't ask why,   oh, don't ask why.

  Cm(add11)
   For we must find the next little girl

Or if we don't find the next little girl
  C7♭5   **D♭7♭5** **C7♭5**   **D♭7♭5**
I tell you we must die,   I tell you we must die.
  C7♭5   **D♭7♭5 C7♭5**   **D♭7♭5**   **C7♭5**   **D♭7♭5**   **C7♭5** **D** **B7**
I tell you,   I tell you,   I tell you we must die.

Chorus 5
      G   **Gmaj7**
Oh, moon of Ala - bama,
   Em   **Edim**
It's time to say good-bye
      B11   **E♭6**
We've lost our good ol' mama,
D   **Em**
  And must have little girl, oh, you know why.

Chorus 6
B7 **B6** **G**   **Gmaj7**
          Oh, moon of Ala - bama,
  Em   **Edim**
It's time to say auf wiedersehen.
    E♭6   **Em**
We've lost our good ol' mama,
D   **G**
  And must have little girl, oh, you know why,

You know why, you know why.

Aladdin Sane
(1913-1938-197?)

Words & Music by David Bowie

| Bm9* | A% | Cmaj7 | E5add9 | A | Gm | F | G |

Overall harmony

Intro | Bm9 | Bm9 | A% | A% |
| Cmaj7 | Cmaj7 | E5add9 | E5add9 | A ‖

Verse 1
Bm9   A%
Watching him dash away, swinging an old bouquet – dead roses,
Cmaj7
Sake and strange divine,
E5add9   A
Uh-h-h-uh-h-uh, you'll make it.

Verse 2
Bm9   A%
Passionate bright young things, takes him away to war, don't fake it
Cmaj7
Saddening glissando strings
E5add9
Uh-h-h-uh-h-uh, you'll make it.

Chorus 1
Gm F Gm F   Gm F
Who_____ will love Aladdin Sane?
A   G   A   F
Battle cries and champagne just in time for sunrise.
Gm F Gm F   Gm F A
Who_____ will love Aladdin Sane?

Verse 3
Bm9   A%
Motor sensational, Paris or maybe hell, I'm waiting.
Cmaj7
Clutches of sad remains
E5add9
Waits for Aladdin Sane, you'll make it.

© Copyright 1973 Tintoretto Music/RZO Music Ltd (37.5%)/
EMI Music Publishing Limited (37.5%)/
Chrysalis Music Limited (25%).
All Rights Reserved. International Copyright Secured.

Chorus 2
    Gm F Gm F   **Gm F**
    Who____ will love Aladdin Sane?
    A   **G**   **A**   **F**
    Millions weep a fountain, just in case of sunrise.
    Gm F Gm F   **Gm F**
    Who____ will love Aladdin Sane,__
    Gm F   **Gm F**
    Will love Aladdin Sane,__
    Gm F   **A**   **G A G A G A G**
    Will love Aladdin Sane?_____

Piano solo   ‖: **A G** | **A G** | **A G** | **A G** :‖   *Play 10 times*

               | **A G** | **A G** | **A G** | **A G** | **A F** ‖

Chorus 3   As Chorus 2

Coda   ‖: **A G** | **A G** | **A G** | **A G** :‖   *Repeat to fade with vocal ad libs.*

Ashes To Ashes

Words & Music by David Bowie

Am G Dm Em7 C
D F Em E/G# A E

Capo first fret

Play 5 times

Intro   ‖: Am | G | Dm   :‖ Am   ‖

Verse 1
   G
   Do you remember a guy that's been
Em7
  In such an early song?
C
  I've heard a rumour from Ground Control,
D
  Oh no, don't say it's true.
F
  They got a message from the Action Man:
C   **Em**   **F**
"I'm happy, hope you're happy too.
             G
I've loved all I've needed love
    E/G#
Sordid details following."

Verse 2
   A
  The shrieking of nothing is killing
   E
Just pictures of Jap girls in synthesis and I
G   **D**
  Ain't got no money and I ain't got no hair
F   **C**   **Em**
  But I'm hoping to kick but the planet it's glowing.___

© Copyright 1980 Tintoretto Music/RZO Music Ltd (84%)/
EMI Music Publishing Limited (16%).
All Rights Reserved. International Copyright Secured.

	F G
Chorus 1	Ashes to ashes, funk to funky,
	C Am
	We know Major Tom's a junkie
	F G
	Strung out in heaven's high
	Am G Dm
	Hitting an all-time low.

Play 4 times

Link 1 ‖: Am | G | Dm :‖ Am ‖

Verse 3
G
Time and again I tell myself
Em7
   I'll stay clean tonight,
C
   But the little green wheels
      D
Are following me,

Oh no, not again.
F
   I'm stuck with a valuable friend:
C   Em   F
"I'm happy, hope you're happy too?"
            G   E/G♯
One flash of light but no smoking pistol.

Verse 4
A
   I've never done good things,
E
   I've never done bad things,
G   D
   I never did anything out of the blue, woh-o-oh.
F
   Want an axe to break the ice,
C   Em
Wanna come down right now.

Chorus 2 As Chorus 1

Link 2 | Am | G ‖

Coda
    Dm   **Am**
My mama said to get things done
     G   **Dm**
You'd better not mess with Major Tom.
Am   **G**
My mama said to get things done
     Dm   **Am**
You'd better not mess with Major Tom.
G   **Dm**
My mama said to get things done
     Am   **G**
You'd better not mess with Major Tom.
Dm   **Am**
My mama said to get things done
     G   **Dm**
You'd better not mess with Major Tom.

| **Am** | **G** | **Dm** | **Am** | **G** | **Dm** |

| **Am** | **G** | **Dm** | **Am** | ‖ *To fade* |

All The Madmen

Words & Music by David Bowie

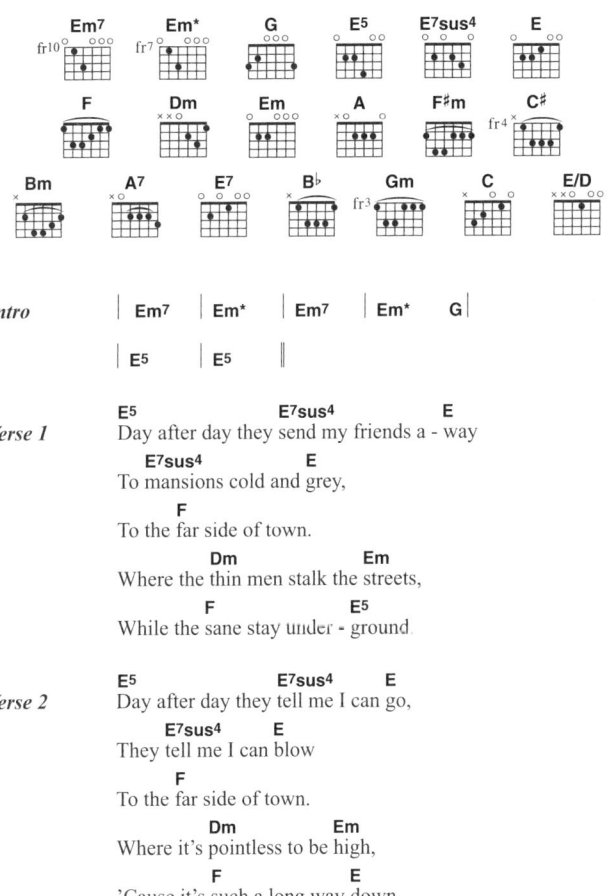

Intro　　　| Em7 | Em* | Em7 | Em* | G |
　　　　　| E5 | E5 ||

Verse 1
　　　　　E5　　　　　　　　E7sus4　　　　　E
　　　　　Day after day they send my friends a - way
　　　　　E7sus4　　　　　E
　　　　　To mansions cold and grey,
　　　　　　　　　F
　　　　　To the far side of town.
　　　　　　　　　　　　Dm　　　　　　Em
　　　　　Where the thin men stalk the streets,
　　　　　　　　　　F　　　　　　　　　E5
　　　　　While the sane stay under - ground.

Verse 2
　　　　　E5　　　　　　　E7sus4　　　　　E
　　　　　Day after day they tell me I can go,
　　　　　E7sus4　　　E
　　　　　They tell me I can blow
　　　　　　　F
　　　　　To the far side of town.
　　　　　　　　　　Dm　　　　　　Em
　　　　　Where it's pointless to be high,
　　　　　　　　　F　　　　　　　　　E
　　　　　'Cause it's such a long way down.

© Copyright 1971 Tintoretto Music/RZO Music Ltd (37.5%)/
EMI Music Publishing Limited (37.5%)/
Chrysalis Music Limited (25%).
All Rights Reserved. International Copyright Secured.

Bridge 1

    E
So I tell them that
                 Dm   F
I can fly, I will scream, I will break my arm,
Dm   E
I will do me harm.

                           Dm   F
Here I stand, foot in hand, talking to my wall,
    Dm   E
I'm not quite right at all, am I?
F   G
Don't set me free, I'm as heavy as can be,
            F   E
Just my librium and me and my E.S.T. makes three.

Chorus 1

(E)   A   E
'Cause I'd rather stay here with all the madmen
F#m   A   C#
Than perish with the sad men roaming free.
A   E
And I'd rather play here with all the madmen,
F#m   A   (Bm)
For I'm quite content they're all as sane as me.

Link 1

| Bm | E | A | F#m | Bm | G |

Interlude
(spoken)

A7   Dm
Where can the horizon lie,
E7   A7
When a nation hides its or - ganic minds
    Bb   "Organic growth is a much under-explored…"
In a cellar dark and grim?
       Gm   C   E
They must be   *very dim.*
"He followed me home Mum,   can I keep him?"

Verse 3

    E   **E7sus4**   **E**
Day after day they take some brain a - way,

       E7sus4   **E**
Then turn my face a - round

   F
To the far side of town.

  Dm   **Em**
And tell me that it's real,

  F   **E**
Then ask me how I feel.

Link 2 | E | E | E/D | F |

                | Dm | E | E ||

Bridge 2

E   **E/D**   **F**
Here I stand, foot in hand, talking to my wall,

   Dm   **E**
I'm not quite right at all.

F   **G**
Don't set me free, I'm as helpless as can be,

    F   **E**
My li - bido's split on me, give me some good old lobotomy.

Chorus 2   As Chorus 1

Link 3 | Bm | Bm | E | E ||

Outro

   A   **F♯m**
||: Zane, zane, zane, ouvre le chien.

Bm   **G**
Zane, zane, zane, ouvre le chien. :|| *Repeat ad lib. to fade*

All The Young Dudes

Words & Music by David Bowie

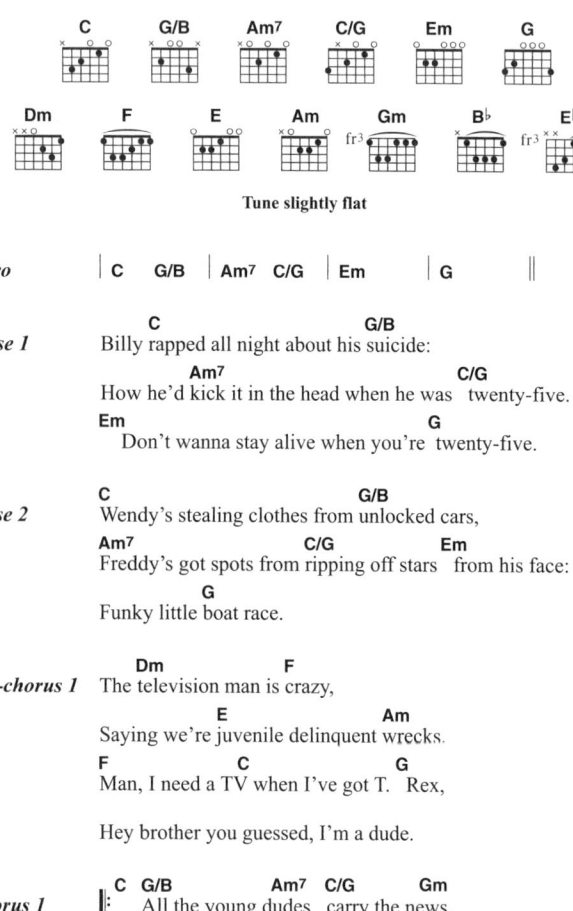

Tune slightly flat

Intro	| C G/B | Am7 C/G Em | G ||

       C   G/B
Verse 1 Billy rapped all night about his suicide:
      Am7   C/G
      How he'd kick it in the head when he was twenty-five.
      Em   G
       Don't wanna stay alive when you're twenty-five.

       C   G/B
Verse 2 Wendy's stealing clothes from unlocked cars,
     Am7   C/G   Em
     Freddy's got spots from ripping off stars from his face:
      G
     Funky little boat race.

        Dm   F
Pre-chorus 1 The television man is crazy,
             E   Am
       Saying we're juvenile delinquent wrecks.
       F   C   G
       Man, I need a TV when I've got T. Rex,

       Hey brother you guessed, I'm a dude.

      C G/B   Am7 C/G   Gm
Chorus 1 |: All the young dudes carry the news.
     B♭   E♭ B♭   F B♭ G
     Boogaloo dudes carry the news._____ :|

© Copyright 1972 Tintoretto Music/RZO Music Ltd (37.5%)/
EMI Music Publishing Limited (37.5%)/
Chrysalis Music Limited (25%).
All Rights Reserved. International Copyright Secured.

Verse 3

       C   **G/B**
Now Jimmy's looking sweet, though he dresses like a queen
     Am7   **C/G**
He can kick like a mule, it's a real mean team,
Em   **G**
  We can love, oh we can love.

Verse 4

      C   **G/B**
And my brother's back at home with his Beatles and his Stones,
   Am7   **C/G**
We never got it off on that revolution stuff:
Em   **G**
  What a drag, too many snags.

Pre-chorus 2

     Dm   **F**
Well I drunk a lot of wine and I'm feeling fine
  E   **Am**
Gonna race some cat to bed.
 F   **C**   **G**
Is this concrete all around or is it in my head?

Oh brother you guessed, I'm a dude.

Outro

   C **G/B**   **Am7** **C/G**   **Gm**
‖: All the young dudes carry the news.
B♭   **E♭** **B♭**   **F**   **B♭** **G**
Boogaloo dudes carry the news.   :‖ *Repeat to fade*

Always Crashing In The Same Car

Words & Music by David Bowie

Verse 1
```
        G                    Em
    Every chance, every chance that I take
     F                   G
    I take it on the road.
```

```
                               Em
Those kilometers and the red lights,
 F                                 G
    I was always looking left and right.
```

Chorus 1
```
                  B♭/F    F         (Em)
Oh, but I'm   always crashing in the (same car.)
```

Link 1

Em	Em	Em	Em

same car.

C	C	D	D
Em	Em	C7	C7
F	F6	Fmaj7	F

Verse 2
```
        G                Em
    Jasmine, I saw you peeping
     F                              G
    As I pushed my foot down to the floor.
```

```
                               Em
I was going round and round   the hotel garage,
 F                                        G
    Must have been touching close to ninety-four.
```

© Copyright 1977 Tintoretto Music/RZO Music Ltd (84%)/
EMI Music Publishing Limited (16%).
All Rights Reserved. International Copyright Secured.

Chorus 2   B♭/F   F   Em
                    Oh, but I'm always crashing in the (same car.)

Link 2 | Em | Em | Em | Em |
                same car.
               | C | C | D | D |

                Em   C7
                Yeah, yeah, yeah.

Guitar solo | F | F6 | Fmaj7 | F |

                 ‖: G | G | Em | Em |

                 | F | F | G | G   :‖

                 | B♭/F | F | Em   ‖

Andy Warhol

Words & Music by David Bowie

Chords: Em, D, C/E, A7, Cmaj7, Em/B, C, G, A, Em(add♭9), Em(maj7), Em7

Intro | Em D | C/E D | Em D | C/E D |

Verse 1
        Em
Like to take a cement fix,
      A7
Be a standing cinema.
          Cmaj7 Em/B
Dress my friends up just for show,
A7   Em   D C/E
See them as they really are.
Em
    Put a peephole in my brain,
       A7
Two new pence to have a go.
      Cmaj7 Em/B
I'd like to be a gallery,
A7   Em   C/E D
Put you all inside my show.

Chorus 1
  D   A7   Em   C
Andy Warhol looks a scream,
 A7   C   G A7
Hang him on my wall.____
  D   A7   Em   C
Andy Warhol, silver screen,
    A7   C   G A
Can't tell them apart at all.____

© Copyright 1972 Tintoretto Music/RZO Music Ltd (37.5%)/
EMI Music Publishing Limited (37.5%)/
Chrysalis Music Limited (25%).
All Rights Reserved. International Copyright Secured.

Instrumental | Em   D | C/E   D | Em   D | C/E   D |

Verse 2
       Em
    Andy walking, Andy tired,
          A7
Andy take a little snooze.
                Cmaj7 Em/B
Tie him up when he fast asleep,
A7   Em   C/E   D
Send him on a pleasant cruise.
Em
   When he wake up on the sea,
             A7
He sure to think of me and you.
                Cmaj7   Em/B
He'll think about paint and he'll think about glue,
   A7   Em   C/E
What a jolly boring thing to do.

Chorus 2   As Chorus 1

Chorus 3   As Chorus 1

Outro | Em | Em | Em(add♭9) | Em(add♭9) |
(freely)
               | Em(maj7) | Em(add♭9) | Em(maj7) | Em(add♭9) |

               | Em7 | Em7 | Em(maj7) | Em(maj7) |

               | Em(maj7) | Em | Em | Em |

                ⌒
               | Em   ‖

Baal's Hymn

Words & Music by Bertolt Brecht
Arranged by Dominic Muldowney

Intro　　| Em | C/E | G/D | Cmaj7 | Cm ‖

Verse 1

Em
Whilst his mother's womb contained the growing Baal,　　　　　C
　　　　　　　　　　　　　　　　　　　　　　　　Bm/D
Even then the sky was waiting quiet and pale.
　　　　　　　　　　　　　　Am
Naked, young, immensely marvellous,
　　　　B7　　　　　　　Em
Like Baal loved it, when he came to us.

Verse 2

Em
That same sky remained with him in joy and care,　　　C
　　　　　　　　　　　　　　　　　　　　　Bm/D
Even when Baal slept peaceful and unaware.
　　　　　　　　　　　Am
At night a lilac sky, a drunken Baal,
　　B7　　　　　　　　Em
Turning pious as the sky grows pale.

© Copyright 1982 Universal Edition (London) Limited.
All Rights Reserved. International Copyright Secured.

Verse 3

    Em   **C**
So through hospital, cathedral, whiskey bar,
                              Bm/D   **Bm**
Baal kept moving onwards and just let things go.
                        Am
When Baal's tired, boys, Baal can - not fall far,
    B7/D♯   **Em**
He will have his sky down there be - low.

Link 1 | **Em** | **C/E** | **G/D** | **Cmaj7** | **Cm**   ‖

Verse 4

Fm   **D♭**
When the sinners congregate in shame to - gether,
                        Cm
Baal lay naked, revelling in their di - stress.
 A♭   **B♭m**
Only sky, a sky that will go on for - ever
  C7   **Fm**
Formed a blanket for his naked - ness.

Verse 5

Fm   **D♭**
And that lusty girl, the world, who'll laugh and yield
                          Cm
To the man who'll stand the pressure of her thighs,
    A♭   **B♭m**
Sometimes gave him love-bites, such as can't be healed,
  C7   **Fm**
Baal sur - vived it, he just used his eyes.

Verse 6

Fm   **D♭**
And when Baal saw lots of corpses scattered 'round,
                          Cm/E♭
He felt twice the thrill, despite the lack of room.
   A♭   **B♭m**
"Space e - nough," said Baal, "They're not thick on the ground,
  C7   **Fm**
Space e - nough within this woman's womb."

Link 2 | **Fm** | **C/E**   **Cm/E♭** | **B♭/D**   **B♭m/D♭** | **C7** | **C7**   ‖

Verse 7

    Em   **C**
Any vice for Baal has got its useful side,
                            Bm
It's the men who practice it, he can't abide.
                       Am
Vices have their point, once you see it as such,
  B7   **Em**
Stick to two for one will be too much.

Verse 8

Em   **C**
Slackness, softness are the sort of things to shun,
                    G/D   **G/B**
Nothing could be harder than the quest for fun.
                         Am/C
Lots of strength is needed and ex - perience too,
               B7/D♯   **Em**
Swollen bellies can em - barrass you.

Link 3 | Em | C/E | G/D | Cmaj7 | Cm ||

Verse 9

Fm   **D♭**
Under gloomy stars and this poor veil of tears,
                             Cm/E♭
Baal will graze a pasture till it disap - pears.
                         B♭m
Once it's been digested to the forest's teeth,
    C7   **Fm**
Baal trod singing for a well earned sleep.

Verse 10

Fm   **D♭**
Baal can spot the vultures in the stormy sky
                          Cm/E♭
As they wait up there to see if Baal will die.
      A♭   **B♭m**
Sometimes Baal pretends he's dead, but vultures swoop,
    C7   **Fm**
Baal in silence dines on vul - ture soup.

Verse 11
        Fm   **D♭**
    When the dark womb drags him down to its prize,
                                     Cm/E♭
What's the world still mean to Baal, he's over - fed.
  A♭   **B♭m**
So much sky is lurking still behind his eyes,
C7   **Fm**
He'll just have enough sky when he's dead.

Link 4 | Fm | C/E Cm/E♭ | B♭/D B♭m/D♭ | C7 | C7 ||

Verse 12
  Em   **C**
    Once the Earth's dark womb engulfed the rotting Baal,
                                Bm/D
Even then the sky was up there, quiet and pale.
                           Am
Naked, young, immensely marvellous,
B7   **Em**
  Like Baal loved it when he lived with us.

Be My Wife

Words & Music by David Bowie

G7　Am　G　F　Dm　C　Em

| Intro | | G7 | G7 | G7 | G7 | ‖ |

Verse 1
    Am　　　　**G**　　**F**
Sometimes you get so lonely,
    Am　　　　**G**
Sometimes you get nowhere.
    Am　　　　**G**　　**F**
I've lived all over the world,
    Am　　　　**G**
I've lived every place.

Link 1　　‖: Am | G F | Am | G :‖

Chorus 1
Dm　　**C**
Please be mine,
Dm　　**C**
Share my life,
Dm　　**C**
Stay with me,
Dm　**Em**　**F**　**G**
Be　　my wife.

© Copyright 1977 Tintoretto Music/RZO Music Ltd (84%)/
EMI Music Publishing Limited (16%).
All Rights Reserved. International Copyright Secured.

Verse 2
    Am   **G**   **F** **Am** **G**
Sometimes you get so lonely.

    Am   **G**   **F**   **Am** **G**
  Sometimes you get nowhere.

    Am   **G**   **F** **Am** **G**
I've lived all ov - er the world,

    Am   **G** **F** **Am**   **G**
I've lived every place.

Chorus 2
Dm   **C**
Please be mine,

Dm   **C**
Share my life,

Dm   **C**
Stay with me,

Dm **Em** **F**   **G**
Be   my wife.

Link 2   ‖: **Am** | **G** **F** | **Am** | **G**   :‖ *Play 6 times*
Sometimes you get so lone - ly.
(1° only)

Outro   ‖: **G** | **C**   :‖ *Repeat to fade*

Blue Jean

Words & Music by David Bowie

C G D A F♯m E

| **Intro** | ‖ C G ‖ |

Verse 1

    D
Blue Jean, I just met a girl named Blue Jean.

                                            G
Blue Jean, she got a camouflaged face and no money.

Remember they always let you down when you need 'em

                                        D
Oh, Blue Jean, is heaven any sweeter than Blue Jean?

          C   **D**
She got a police bike,

          C   **G**
She got a turned up nose.

Chorus 1

    A
    Sometimes I feel like
F♯m   **A**
(Oh, the whole human race)

Jazzin' for Blue Jean.
F♯m   **A**
(Oh, and when my Blue Jean's blue)

Blue Jean can send me
F♯m
(Oh, somebody send me).
A
   Somebody send me
F♯m   **C G**
(Oh, somebody send me).

© Copyright 1984 Jones Music America.
RZO Music Ltd.
All Rights Reserved. International Copyright Secured.

Verse 2

      D
One day, I'm gonna write a poem in a letter,

                              G
One day, I'm gonna get that faculty together.

Remember, that everybody has to wait in line,

                                      D
Oh Blue Jean, look out world you know I've got mine.

  C   **D**
She got Latin roots,
  C   **G**
She got everything.

Chorus 2   As Chorus 1

Link | **G** | **G** | **G** ||

Chorus 3

G
   Sometimes I feel like
F♯m   **A**
(Oh, the whole human race)

Jazzin' for Blue Jean.
F♯m   **A**
(Oh, and when my Blue Jean's blue)

Blue Jean can send me
F♯m
(Oh, somebody send me).
A
  Somebody send me
F♯m
(Oh, somebody send me).
A
  Somebody, somebody,
F♯m
(Oh, somebody send me).
A
  Somebody send me
F♯m
(Oh, somebody send me).

Coda | **C** **G** | **C** **G** | **E** ||

Boys Keep Swinging

Words & Music by David Bowie & Brian Eno

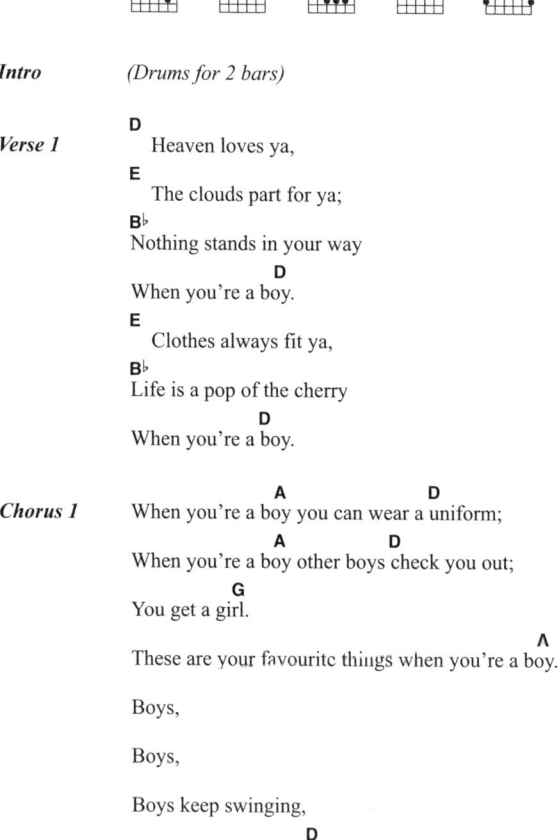

Intro	*(Drums for 2 bars)*

Verse 1
    D
  Heaven loves ya,
E
  The clouds part for ya;
B♭
Nothing stands in your way
       D
When you're a boy.
E
  Clothes always fit ya,
B♭
Life is a pop of the cherry
       D
When you're a boy.

Chorus 1
             A   **D**
When you're a boy you can wear a uniform;
             A   **D**
When you're a boy other boys check you out;
     G
You get a girl.

                                       A
These are your favourite things when you're a boy.

Boys,

Boys,

Boys keep swinging,
                D
Boys always work it out!

© Copyright 1979 Tintoretto Music/RZO Music Ltd (63%)/
EG Music Limited/Universal Music MGB Limited (25%)/
EMI Music Publishing Limited (12%).
All Rights Reserved. International Copyright Secured.

Verse 2

    D
   Uncage the colours,
E
   Unfurl the flag.
B♭
Luck just kissed you hello
    D
When you're a boy.
E
   They'll never clone ya,
B♭
You're always first on the line
    D
When you're a boy.

Chorus 2

               A   **D**
When you're a boy you can buy a home of your own;
               A   **D**
When you're a boy, learn to drive and everything.
         G   **A**
You'll get your share when you're a boy.

Boys,

Boys,

Boys keep swinging,

Boys always work it (out!)

Coda / solo

‖: D | D | E | E | B♭ | B♭ :‖ *Play 3 times*
out!

| D | D | A | A | A | A |

| A | A | A | A | A | A |

| D | D | E | E | B♭ | B♭ | D ‖
                                                           To fade

The Buddha Of Suburbia

Words & Music by David Bowie

Intro | D Dsus2 | Emadd9 Em | B♭dim ‖

Verse 1
D   Emadd9
  Living in lies by the railway line,
B♭dim   Dsus2
  Pushing the hair from my eyes.
                            Emadd9
Elvis is English and climbs the hills,
B♭dim   Dsus2
  Can't tell the bullshit from the lies.
                            Emadd9
Screaming along in South London,
B♭dim   Dsus2
Vicious but ready to learn.
                            Emadd9
Sometimes I fear that the whole world is queer,
B♭dim   Bmadd11
Sometimes but always in vain.

Chorus 1
Fmaj7   Bmadd11
  So I'll wait until we're sane,
Fmaj7   Bmadd11
Wait until we're blessed and all the same:
Fmaj7   Bmadd11
Full of blood, loving life and all it's got to give.
Fmaj7   G/D
Englishman going insane.

Down on my knees in suburbia, down on myself in every way.

© Copyright 1993 Tintoretto Music/RZO Music Ltd.
All Rights Reserved. International Copyright Secured.

Sax solo | A | G/A | A | G/A | A | G/A ‖

Verse 2
        D   **Emadd9**
With great expectations I change all my clothes,
    B♭dim   **Dsus2**
Mustn't grumble at silver and gold.
                    Emadd9
Screaming above Central London,
  B♭dim   **Bmadd11**
Never bored, so I'll never get old.

Chorus 2
  Fmaj7   **Bmadd11**
So I'll wait until we're sane,
Fmaj7   **Bmadd11**
Wait until we're blessed and all the same:
Fmaj7   **Bmadd11**
Full of blood, loving life and all it's got to give.
Fmaj7   **G/D**
Englishman going insane.

Down on my knees in suburbia, down in every way.

Link | A | G/A | A   ‖

Outro
G/D   **A** | **B/E** | **C/E D/E** | **E G A B** |
Day after,
C/E   **D/E E** | **E** |
Day after   day,
C/E   **D/E**
Day after.
E
Zane, Zane, Zane

Ouvrez le chien.
C/E   **D/E E**
Day after   day,
C/E   **D/E**
Day after.
E
Zane, Zane, Zane

Ouvrez le chien.
C/E   **D**
Day after.

Candidate
(alternate version)

Words & Music by David Bowie

Bm   E   A   F#m   F#   G

Intro ‖: Bm | Bm | E | A :‖ *Play 3 times*

Verse 1
    F#m   E
Inside every teenage girl there's a fountain.
   F#m   E
Inside every young pair of pants there's a mountain.
Bm   E   A   F#m
Inside every mother's eyes   is Tommy Tinkerham's bed.
Bm   E   A   F#m E
Inside every candidate   waits a grateful dead.

Chorus 1
 E   Bm   F#   G
I make it a thing, when I'm on my own to re - lieve myself.
            Bm   F#   G
I make it a   thing, when I ga - zelle on stage to be - lieve in myself.
            Bm   F#
I make it a thing to glance at window panes
             E
And look pleased with myself.
         G   E   (Bm)
Yeah, and pre - tend I'm walking home.

Link 1 ‖: Bm | Bm | E | A :‖

Verse 2
   F#m   E
I took it so bad, I sat in the cor - rection room,
 F#m   E
Took me a fag and a kick in the moon.
        Bm   E   A   F#m
Well, I ain't gonna suck no radar wing 'cause in - side this tin is tin.
Bm   E   A   F#m   E
Would you like techno-plate   'cause, I'm your candi - date, oh yeah.

© 1974 Tintoretto Music/RZO Music Ltd (37.5%)/
EMI Music Publishing Limited (37.5%)/
Chrysalis Music Limited (25%).
All Rights Reserved. International Copyright Secured.

Chorus 2

```
         E              Bm           F#
It's a matter of life, and the way you walk,
            G
You've got a Brylcreem queen.
              Bm        F#                                G
It's a matter of tact in the things you talk that keeps his passport clean
     Bm       F#                              E
A matter of fact that a cock ain't a cock on a twelve inch screen.
            G     E     (Bm)
So I'll pre - tend I'm walking home.
```

Link 2   ‖: Bm | Bm | E | A :‖ *Play 4 times*

Verse 3

```
  F#m                                        E
   You don't have to scream a lot to keep an age in tune.
  F#m                          E
   You don't have to scream a   lot to predict monsoons.
  Bm                            E
   You don't have to paint my contact black
  A               F#m
   Now I've hustled a pair of jeans.
  Bm              E         A          F#m           E
   Do I have to give your money back   when I'm the Führerling?
```

Chorus 3

```
  E              Bm
I'll make you a deal,
         F#                  G
I'll say I came from Earth and my tongue is taped.
           Bm         F#                    G
I'll make you a deal, you can get your kicks on the candidate.
           Bm         F#                    E
I'll make you a deal, for your future's sake, I'm the candidate.
        G     E    (Bm)
Let's pre - tend we're walking home.
```

Outro

```
Bm   E   A    Bm
 Uh - huh,  uh - huh,
         E          A
I'm the candidate,
          Bm
I'm the candidate,
E  A                 Bm       E  A
   Vote now for the candidate.
```

‖: Bm | Bm | E | A :‖ *Repeat to fade*

Can't Help Thinking About Me

Words & Music by David Bowie

Asus4   A   E   Amaj7   F#
Am   F   C   D   G   E7

Intro | Asus4 A | E | Asus4 A | E | Asus4 A ||

Verse 1
       E   Amaj7   F#   Am
Question-time that says I brought dishonour,
      F
My head's bowed in shame,
  Am   E   C D
It seems that I've blackened the family name.
E   Amaj7   F#   Am
Mother says that she can't stand the neighbours' talking.
      F   Am   E
I've gotta pack my bags, leave this home, start walking,
 C D A   G
Yeah,   I'm guilty.
             C   Am
I wish that I was sorry this time,
             E
I wish that I could pay for my crime.

Chorus 1
  D   A   E
I can't help thinking about me,
  D   A   E
I can't help thinking about me.
  D   A   C Am
I can't help thinking about me.

© Copyright 1966 The Sparta Florida Music Group Limited.
All Rights Reserved. International Copyright Secured.

Verse 2

```
         E              Amaj7              F#      Am
    Remember when we used to go to church on Sundays?
         F          Am             E          C D
    I lay awake at night, terrified of school on Mondays.
              A         G            C              Am
    Oh, but it's too late now,   I wish I was a child again,
              E
    I wish I felt secure again.
```

Chorus 2

```
    D        A              E
    I can't help thinking about me,
    D        A              E
    I can't help thinking about me.
    D        A              C  Am  E
    I can't help thinking about me.
```

Bridge

```
    E7              D
       As I pass the recreation ground
       E7                  D
    I remember my friends, always been found,
       E7      D        A                    E7
    And I can't, I can't help thinking about me,
    D        A              E7
    I can't help thinking about me,
    D        A              C    Am
    I can't help thinking about me.
```

Verse 3

```
    E              Amaj7         F#       Am
    Now I leave them all in the never-never land.
       F             Am          E            C D
    The station seems so cold, the ticket's in my hand.
    E             Amaj7 F#      Am
    My girl calls my name: "Hi Dave,
       F              Am          E              C D
    Drop in, see you around, come back if you're this way again."
         A         G            C            Am
    Oh, I'm on my own,   I've got a long long way to go,
                E
    I hope I make it on my own.
```

Outro

```
          D        A              E
    ‖: I can't help thinking about me.   :‖   Play 5 times
```

Cat People
(Putting Out Fire)

Words & Music by David Bowie & Giorgio Moroder

| Cm | B♭ | A♭ | Gm | F/C | B♭/C | F | E♭ |

Intro ‖: Cm B♭ | A♭ Gm | A♭ B♭ | Cm :‖

Verse 1
```
Cm                F/C
See these eyes so green,
Cm                      B♭
I can stare for a thousand years,
Cm             F/C
Colder than the moon.
B♭      Cm       B♭   Cm
Well, it's been so long,
                    N.C.                (Cm)
And I've been putting out fire with gaso - line.
```

Link 1 | Cm | F/C | B♭/C | Cm ‖

Verse 2
```
Cm             F
See these eyes so red,
B♭            Cm
Red like jungle burning bright.
            F
Those who feel me near,
B♭                Cm
Pull the blinds and change their minds.
B♭    Cm
  It's been so long.
```

Verse 3

 Cm   **F**
Still this pulsing night,
 B♭   **Cm**
A plague I call a heartbeat.
    F
Just be still with me,
  B♭   **Cm**
Well, you wouldn't believe what I've been through.
B♭ **Cm**   **(Cm)**
 You've been so long,
B♭ **Cm**
Well, it's been so long.

Chorus 1

B♭   **E♭**
I've been putting out fire with gasoline,
B♭ **E♭**   **N.C.**
 Putting out fire with gasoline.

Guitar solo 1 ‖: **Cm** | **F** | **B♭** | **Cm** :‖ *Play 4 times*

Verse 4

 Cm   **F/C**
See these tears so blue,
 B♭   **Cm**
An ageless heart that can never mend.
    F/C
Tears can never dry,
 B♭   **Cm**
A judgement made can never bend.
   F
See these eyes so green,
B♭   **Cm**
I can stare for a thousand years.
    F
Just be still with me,
  B♭   **Cm**
You wouldn't believe what I've been through.
B♭ **Cm**
Well, you've been so long,
B♭ **Cm**
Well, it's been so long.

	B♭ E♭
Chorus 2	And I've been putting out fire with gasoline,
	B♭ E♭ N.C.
	Putting out fire with gasoline.

Guitar solo 2 | Cm | F | Cm | F |
               | Cm | F   ‖

Link 2 ‖: Cm B♭ | A♭ Gm | A♭ B♭ | Cm :‖

Outro
   Cm   Gm A♭ Gm A♭ B♭ Cm
   Putting out fire.

                     Gm A♭ Gm A♭ B♭ Cm
   Putting out fire.

  ‖: Cm   Gm A♭   Gm A♭ B♭ Cm
    Well, it's been so long, so   long, so long.

                Gm A♭   Gm A♭ B♭ Cm
   Yes, it's been so   long, so   long, so long. :‖ *Repeat ad lib. to fade*

Changes

Words & Music by David Bowie

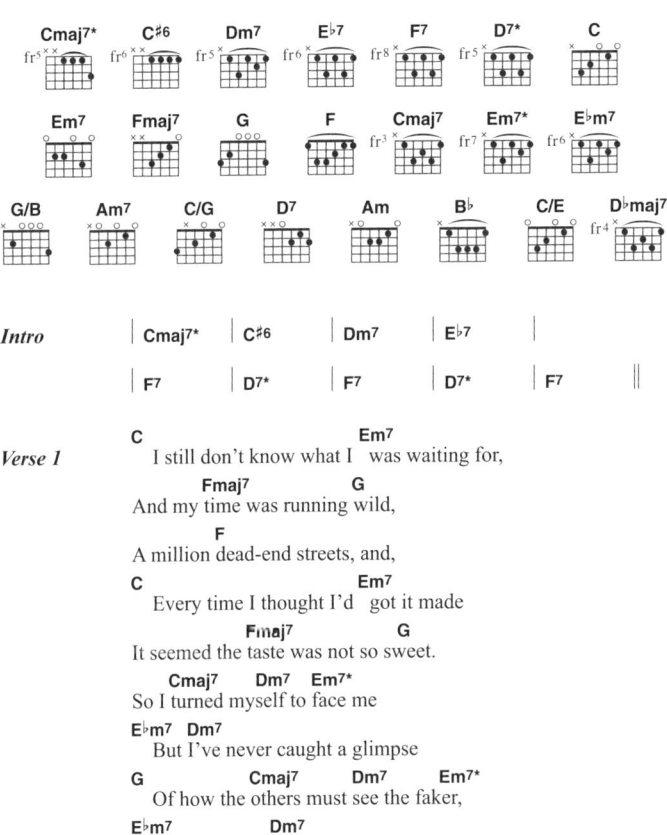

Intro | Cmaj7* | C#6 | Dm7 | E♭7 |
           | F7 | D7* | F7 | D7* | F7 ||

Verse 1
      C   Em7
I still don't know what I was waiting for,
     Fmaj7   G
And my time was running wild,
        F
A million dead-end streets, and,
    C   Em7
Every time I thought I'd got it made
     Fmaj7   G
It seemed the taste was not so sweet.
   Cmaj7   Dm7   Em7*
So I turned myself to face me
E♭m7 Dm7
But I've never caught a glimpse
G   Cmaj7   Dm7   Em7*
Of how the others must see the faker,
E♭m7   Dm7
I'm much too fast to take that test.

© Copyright 1971 Tintoretto Music/RZO Music Ltd (37.5%)/
EMI Music Publishing Limited (37.5%)/
Chrysalis Music Limited (25%).
All Rights Reserved. International Copyright Secured.

Chorus 1

    G   **F**   **C**   **G/B**   **Am7**
Ch-ch-ch-ch-changes, (turn and face the strange)
      C/G
Ch-ch-changes,
F   **Em7**   **D7**
Don't want to be a richer man,
    G   **F**   **C**   **G/B**   **Am7**
Ch-ch-ch-ch-changes, (turn and face the strange)
      C/G
Ch-ch-changes.
F   **Em7**   **D7**
Just gonna have to be a different man:

Am **G** **B♭**   **F**
Time may change me
    Em7 **D7** **F**   **C**
But I   can't trace time.

Link | **D7*** | **F7** | **D7*** | **F7** ||

Verse 2

C   **Em7**
I watch the ripples change their size
   Fmaj7   **G**
But never leave the stream
      F
Of warm impermanence and
C   **Em7**
So the days float through my eyes
   Fmaj7   **G**
But still the days seem the same.
    Cmaj7 **Dm7**   **Em7***
And these   children that you spit on
E♭m7 **Dm7**   **G**
As they   try to change their worlds
      Cmaj7 **Dm7** **Em7*** **E♭m7**
Are immune to your consultations____
          Dm7
They're quite aware of what they're going through.

Chorus 2

```
          G         F        C       G/B    Am7
          Ch-ch-ch-ch-changes, (turn and face the strange)
               C/G
          Ch-ch-changes,
          F              C/E         D7
           Don't tell them to grow up and out of it,
          G         F        C       G/B    Am7
           Ch-ch-ch-ch-changes, (turn and face the strange)
               C/G
          Ch-ch-changes.
          F                    C/E           D7
          Where's your shame, you've left us up to our necks in it.
          Am   G   B♭    F
          Time may change me
             Em7 D7  F    C    Dm7  Em7
          But you  can't trace time.
```

Bridge

```
          F                  C          F  C
          Strange fascination, fascinating me,
          F                      G
          Changes are taking the pace I'm going through.
```

Chorus 3

```
          G        F         C       G/B   Am7
           Ch-ch-ch-ch-changes, (turn and face the strange)
               C/G
          Ch-ch-changes,
          F           C/E           D7
           Oh, look out  you rock 'n' rollers.
          G        F         C       G/B   Am7
           Ch-ch-ch-ch-changes, (turn and face the strange)
               C/G
          Ch-ch-changes,
          F              C/E          D7
          Pretty soon now you're gonna get older:
          Am   G   B♭    F
          Time may change me
             Em7 D7  F    C    Cmaj7
          But I    can't trace time.
                   Am  G   B♭    F
          I said that time may change me
             Em7 D7  F    C
          But I    can't trace time.
```

Coda | Dm7 | Em7* | E♭7 | Dm7 | D♭maj7 | Cmaj7 ||

Chant Of The Ever Circling Skeletal Family

Words & Music by David Bowie

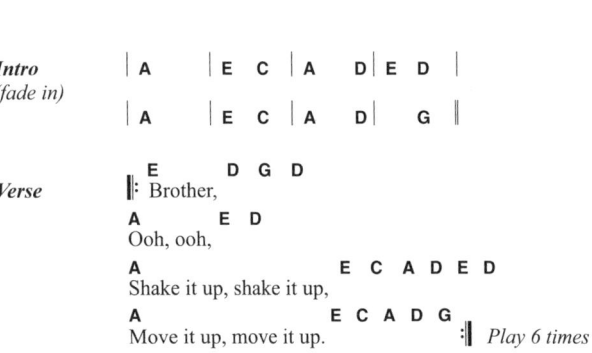

Intro
(fade in)

A	E C	A	D E D
A	E C	A	D G

Verse

```
    E    D G D
||: Brother,
 A      E D
Ooh, ooh,
 A            E C A D E D
Shake it up, shake it up,
 A            E C A D G
Move it up, move it up.   :||  Play 6 times
```

Outro

```
      N.C.
||: Bro - , bro - , bro - , bro - ...:||  Repeat to fade
```

Day-In Day-Out

Words & Music by David Bowie

Chords: G, F, C, Am

Intro | (G) | (G) ||

Chorus 1
G   F
(Day in,) day in; (day out,) day out.
G   F
(Stay in,) stay in; (fade out,) fade out.
G
Day in, ooh-ooh.
F
Day out, ooh-ooh.

Verse 1
G
She was born in a handbag,
F
Love left on a doorstep.
G
What she lacks is a backup,
F
Nothing seems to make a dent.
G
Gonna find her some money, honey,
F
Try to pay her rent.
G   F
That's the kind of protection, everyone is shouting about.

Chorus 2
G   F
(Day in,) day in; (day out,) day out.
G   F
(Stay in,) stay in; (fade out,) fade out.
G
Day in, ooh-ooh.
F
Day out, ooh-ooh.

© Copyright 1987 Jones Music America.
RZO Music Ltd.
All Rights Reserved. International Copyright Secured.

Verse 2

    G
      First thing she learns is she's a citizen,
    F
      Some things they turn out right.
    G
      When you're under the U.S.A.,
    F
    Someone rings a bell and it's all over.
    G
      She's going out of her way,
    F
    Stealing for that one good rush.

Chorus 3   As Chorus 2

Bridge

    C   **Am**
      She could use a little money,
    F   **G**
      She's hangin' on his arms like a cheap suit:
    C   **Am**
      She's got no money, honey,
    F   **G**
      She's on the other side.
    C   **Am**
      Oh, come on little baby.
    F
      Late night, big town, police,

    Shake down, ooh-ooh-ooh.

Chorus 4

    G   **F**
      Day in;   day out.
    G   **F**
      Stay in;   fade out.

    Ooh-ooh-ooh.

Solo   ‖: G | G | F | F   :‖

Verse 3
        G
        She's got a ticket to nowhere,
        F
        She's gonna take a train ride.
        G
        Nobody knows her, or knows her name.
        F
        She's in the pocket of a homeboy,
        G
Ooh, she's gonna take her a shotgun – pow!
        F
        Spin the grail, spin the drug.
        G
        She's gonna make them well aware.
        F
        She's one angry gal.

Chorus 5
        G   **F**
        (Day in,) day in; (day out,) day out.
        G   **F**
        (Stay in,) stay in; (fade out,) fade out.

Coda   ‖: **G** | **G** | **F** | **F**   :‖
                    Vocals ad lib.

China Girl

Words & Music by David Bowie & Iggy Pop

Chords: B5, A5, G5, G, Am, Em, B, F, D, C

Intro

| B5 | A5 B5 A5 B5 | A5 B5 A5 G5 | B5 |

```
      G            Am             G
||: Oh oh oh, oh-oh little China Girl. :||
```

Verse 1

```
     G                            Am
    I could escape this feeling  with my China Girl,
     G                            Am
    I feel a wreck without my    little China Girl.
     Em                      G
    I hear her heart beating,  loud as thunder
     Am                  B
    Saw the stars crashing.
```

Verse 2

```
     G                         Am
    I'm a mess without   my little China Girl,
     G                                        Am
    Wake up in the morning, where's my    little China Girl?
     Em                       G
    I hear her heart's beating,  loud as thunder
     Am                  B
    Saw the stars crashing down.
```

Bridge 1

```
     G                         F
    I feel a-tragic like I'm  Marlon Brando
     Em                   D
    When I look at my China Girl.
     G                              F
    I could pretend that nothing  really meant too much
     Em                   D
    When I look at my China Girl.
```

Link 1

| Em | Em | D | D |
| C | C | B | B ||

© Copyright 1977 James Osterberg Music/EMI Virgin Music Limited (43.75%)/
Tintoretto Music/RZO Music Ltd (42%)/
EMI Music Publishing Limited (14.25%).
All Rights Reserved. International Copyright Secured.

Verse 3

    Em   **D**
  I stumble into town just   like a sacred cow

C
Visions of swastikas in my head,

B
Plans for everyone.

Em   **D**
  It's in the whites of my eyes.

Link 2

| C | C | B | B ||

Verse 4

Em
  My little China Girl

D
  You shouldn't mess with me

C   **B**
  I'll ruin everything you are.

          Em
You know I'll give you television,

D
  I'll give you eyes of blue;

C   **B**
  I'll give you a man who wants to rule the world.

Bridge 2

G
  And when I get excited

F
  My little China Girl says:

Em   **D**
  Oh baby, just you shut your mouth.

         Em   **D**
She says "shhh…"

         C   **B**
She says "shhh…"

Guitar solo

||: Em | Em | D | D |
| C | C | B | B :||

Chorus

      G   **Am**   **G**
||: Oh oh oh, oh-oh little China Girl. :|| *Repeat to fade*

Cracked Actor

Words & Music by David Bowie

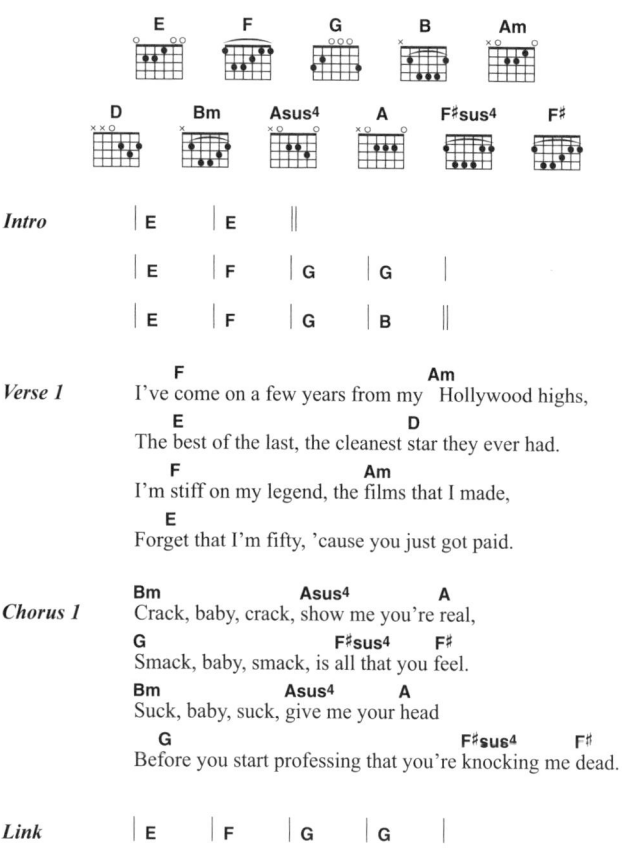

Intro | E | E ||

| E | F | G | G |

| E | F | G | B ||

Verse 1
```
        F                          Am
I've come on a few years from my   Hollywood highs,
     E                        D
The best of the last, the cleanest star they ever had.
        F                      Am
I'm stiff on my legend, the films that I made,
     E
Forget that I'm fifty, 'cause you just got paid.
```

Chorus 1
```
Bm              Asus⁴         A
Crack, baby, crack, show me you're real,
G              F♯sus⁴    F♯
Smack, baby, smack, is all that you feel.
Bm              Asus⁴         A
Suck, baby, suck, give me your head
     G                                     F♯sus⁴    F♯
Before you start professing that you're knocking me dead.
```

Link | E | F | G | G |

| E | F | G | B ||

© Copyright 1973 Tintoretto Music/RZO Music Ltd (37.5%)/
EMI Music Publishing Limited (37.5%)/
Chrysalis Music Limited (25%).
All Rights Reserved. International Copyright Secured.

Verse 2
        F   **Am**
You caught yourself a trick down on Sunset and Vine
    E   **D**
But since he pinned you baby, you're a porcupine.
   F   **Am**
You sold me illusions for a sack full of cheques,
    E
You've made a bad connection 'cause I just want your sex.

Chorus 2
Bm   **Asus⁴**   **A**
Crack, baby, crack, show me you're real,
G   **F♯sus⁴**   **F♯**
Smack, baby, smack, is all that you feel.
Bm   **Asus⁴**   **A**
Suck, baby, suck, give me your head
G   **F♯sus⁴**   **F♯**
Before you start professing that you're knocking me dead.

Coda   ‖: **E** | **F** | **G** | **G**   :‖ *Repeat to fade with vocal ad lib.*

Cygnet Committee

Words & Music by David Bowie

Intro

Freely
| D ‖

In time
‖: D | D/C | Bm7 | Gm6/B♭ :‖

Chorus 1

D   D/C Bm7   Gm6/B♭   D
I bless you madly,   sadly as I tie my shoes.
        D/C Bm7   Gm6/B♭   D
I love you badly,   just in time, at times, I guess.
D/C Bm7   Gm6/B♭   D
   Because of you I need to rest,
D/C Bm7   Gm6/B♭   D
   Because it's you that sets the test.

Bridge 1

E♭   B♭m
  So much has gone and little is new,
         A
And as the sparrow sings
       G♭   B♭m
Dawn chorus for someone else to hear,
       A
The Thinker sits alone
G♭   B♭m
Growing old - er and so bitter.

© Copyright 1969 Tintoretto Music/RZO Music Ltd (37.5%)/
EMI Music Publishing Limited (37.5%)/
Chrysalis Music Limited (25%).
All Rights Reserved. International Copyright Secured.

Bridge 2
     F   **B♭m**
"I gave them life, I gave them all,
   C   **Fm**
They drained my very soul dry.
 F   **B♭m**
I crushed my heart to ease their pains,
  C   **Fm**   **A♭**
No thought for me re - mains there.
   B♭m   **D♭**   **C**
No - thing can they spare,   what of me?

Verse 1
   C G/B Am   **F**
      Who praised their efforts to be free,
G   **C**   **G/B**
Words of strength and care and sympa - thy.
Am   **F**
  I opened doors that would have blocked their way
 G   **C G/B**
I braved their cause to guide for little pay.
Am   **F**   **Fsus⁴** **F**
  I ravaged at my finance just for those,
     Gsus⁴   **G**   **C**
Those whose claims were steeped in peace, tranquility.
G/B   **Am**   **F**
 Those who said a new world, new ways ever free,
                   Gsus⁴   **G**
Those whose promises stretched in hope and grace for me."

Link 1 | **C** | **Am** | **F** | **Gsus⁴** **G** ||

Chorus 2
D   **D/C** **Bm⁷** **Gm⁶/B♭** **D**
  I bless you madly, sadly as I tie my shoes.
        D/C **Bm⁷** **Gm⁶/B♭**   **D**
I love you badly, just in time, at times, I guess.
D/C **Bm⁷**   **Gm⁶/B♭**   **D**   **D/C**
      Because of you I need to rest, oh yeah,
Bm⁷   **Gm⁶/B♭**   **D**
  Because it's you that sets the test.

Bridge 3
E♭   **B♭m**
So much has gone and little is new,
     A
And as the sunrise stream
G♭   **B♭m**
Flickers on me, my friends talk
    A
Of glory, untold dream,
    G♭   **B♭m**
Where all is God and God is just a word.

Bridge 4

```
        F                          B♭m
     "We had a friend, a talking man
        C               Fm
   Who spoke of many powers he had.
     F                      B♭m
      Not of the best of men, but ours,
       C              Fm          A♭
   We used him, we let him use his powers.
       B♭m               D♭          C
   We let him fill our needs,   now we are strong.
```

Verse 2

```
   C  G/B  Am
           And the road is coming to its end,
   F G                              C      G/B
     Now the damned have no time to make a - mends.
   Am                                      F
      No purse of token fortune stands in our way,
       G                        C    G/B
   The silent guns of love will blast the sky.
   Am                                     F
      We broke the ruptured structure built of age,
       G                            C
   Our weapons were the tongues of crying rage.
   G/B    Am                                 F
         Where money stood we planted seeds of re - birth,
          G                              C
   And stabbed the backs of fathers, sons of dirt.
   Am                                        F
   Infiltrated business cesspools hating through our sleeves
                   G
   Yeah, and we slit the Catholic throat, stoned the poor on
   C                                           G/B
   Slogans such as: 'Wish you could hear,' 'Love is all we need,'
   Am
      'Kick out the Jams,' 'Kick out your mother,'
   F                                                        G
   'Cut up your friend,' 'Screw up your brother or he'll get you in the end.'
           C                             G/B  Am
   And we know the flag of love is from above,
              F
   And we can force you to be free,
              G
   And we can force you to believe."
```

Verse 3

```
   C                       Am
      And I close my eyes and tighten up my brain,
                                  F
   For I once read a book in which the lovers were slain,
                                Gsus4       G
   For they knew not the words of the Free States' refrain, it said:
```

cont.

    C
"I believe in the power of good.

   Am
I be - lieve in the state of love.

 F
I will fight for the right to be right.

 Gsus4   G   C
I will kill for the good of the fight for the right to be right."

     Am
And I open my eyes to look around,

F   Gsus4 G
 And I see a child laid slain on the ground.

C   Am
 As a love machine lum - bers through desolation rows,

F   Gsus4   G
 Ploughing down man, wo - man, listening to its command.

  C   Am   Fsus4 F
But not hearing anymore, not hearing anymore,

  Gsus4   G
Just the shrieks from the old rich.

Bridge 5

 G   C
And I want to be - lieve

    G
In the madness that calls 'Now'.

    C
And I want to be - lieve

      G
That a light's shining through somehow.

    B♭
And I want to be - lieve,

    F
And you want to be - lieve,

    C
And we want to be - lieve.

Outro

C   G   A♭   B♭
And we want to live, oh, we want to live, we want to live,

  C   G   A♭
We want to live, we want to live, we want to live,

 B♭   C   G
We want to live, I want to live, I want to live,

A♭   B♭   C
I want to live, I want to live, I want to live,

   G A♭ B♭ C
I want to live, Live, live, live.

‖: G | G | A♭ | A♭ |

| B♭ | B♭ | C | C :‖ *Repeat to fade*

Dead Man Walking

Words by David Bowie
Music by David Bowie & Reeves Gabrels

| Intro | ‖: E♭ | E♭ | F | F E :‖ |

Verse 1
    E♭
    He swivels his head,
  F
Tears his eyes from the screen
  E D♭maj7/E♭   F
As his past puts him back in Atlantic City.
  E E♭   F
    There's not even a demon, in Heaven or Hell
  E D♭maj7/E♭
Is it all just human disguise?
      F
As I walk down the aisle.

Pre-chorus 1
        E♭
{ And I'm gone, gone, gone,
{   (Gone, gone, gone, spinning slack)

              F
{ Now I'm older than movies,
{ (Through reality.   Dance my way falling up through the years)

      E♭
{ Let me dance away,
{ (Till I swivel back round when I fly,)

        F
{ Now I'm wiser than dreams.
{ (Fly, fly,   Losing   breath from the water then I'm gone, gone, gone,)

© Copyright 1997 Tintoretto Music/RZO Music Ltd (75%)/
Exploded View Music/Bug Music Limited (25%).
All Rights Reserved. International Copyright Secured.

cont.

        E♭
{ Let me fly, fly, fly,
{ (Spinning slack through reality, dance)

                    F
{ While I'm touching tomorrow
{ (My way falling up through the years till I swivel back round,)

    E♭
{ And I know who's there
{ (When I fly, fly, fly   losing breath)

             F
{ When silhouettes   fall.
{ (From the water.   When I'm gone, gone, gone,
                                Spinning slack through reality)

Chorus 1

          A♭   **Cm/G**
And I'm gone, like I'm dancing on angels,
          G♭   **F**
And I'm gone, through the crack in the past
              E♭
Like a dead man walking,
F   **E♭**   **F**
  Like a dead man walking.

Verse 2

E♭   **F**
  Three old men, dancing under the lamplight

E E♭
  Shaking their sex and their bones

     F
And the boys that we were.

E   **E♭**
  An alien nation in therapy

  F
Sliding naked and new

E   **D♭maj7/E♭**
  Like a bad-tempered child

        F
On a rain-slicked   street.

Pre-chorus 2

    E♭
{ And I'm gone, gone, gone,
{   (Gone, gone, gone, spinning slack)

          F
{ Now I'm older than movies,
{ (Through reality.   Dance my way falling up through the years)

    E♭
{ Oh, let me dance away
{ (Till I swivel back round when I fly,)

cont.
                         F
{ Now I'm wiser than dreams.
{ (Fly, fly,   Losing   breath from the water then I'm gone, gone, gone,)
      E♭
{ Let me fly, fly, fly,
{ (Spinning slack through reality, dance)
              F
{ While I'm touching tomorrow
{ (My way falling up through the years till I swivel back round,)
    E♭
{ And I know who's there
{ (When I fly, fly, fly   losing breath)
             F
{ When silhouettes fall.
{ (From the water.   When I'm gone, gone, gone,
                            Spinning slack through reality)

               E♭
Pre-chorus 3 And I'm gone.
                 (Gone, gone, gone,

                Spinning slack through reality,
                F
                Dance my way falling up through the years
                    E♭
                Till I swivel back round then I fly, fly, fly,
                F
                Losing breath from the water when I'm gone, gone, gone,
                E♭
                Spinning slack through reality,
                F
                Dance my way falling up through the years
                    E♭
                Till I swivel back round then I fly, fly, fly,
                F
                Losing breath from the water when I'm gone, gone, gone,

                Spinning slack through reality)

                A♭   **Cm/G**
Chorus 2   And I'm gone like I'm dancing on angels.
                G♭   **F**
                And I'm gone through the crack in the past
                    E♭
                Like a dead man walking,

cont.
      F   **E♭**
    Like a dead man walking,
    F   **E♭**
    Like a dead man,
    F   **E♭**   **F**
    Like a dead man walking.

Link | E♭ | F | Gm | B♭/A | B♭ | C7 | B♭/D | E7♭5 ||

Pre-chorus 4
         E♭
{ And I'm gone, gone, gone,
{   (Gone, gone, gone, spinning slack through reality.)
  F
(Dance my way falling up through the years)
    E♭
{ Let me dance, dance, dance.
{ (Till I swivel back round when I fly,)
            F
(Fly, fly, losing breath from the water then I'm gone, gone, gone,)
    E♭
{ And I'm gone, gone, gone,
{ (Spinning slack through reality.)
           F
(Dance my way falling up through the years till I swivel back round)
  E♭
{ Let me dance, dance, dance.
{ (When I fly, fly, fly   losing breath from the water)
  F
When I'm gone, gone, gone, spinning slack through reality.)

Chorus 3
       A♭   **Cm/G**
||: And I'm gone, like I'm dancing on angels
      G♭   **F**
And I'm gone, through the crack in the past :||
      E♭
Like a dead man walking,
F   **E♭**
  Like a dead man walking,
F
  Like a dead man.

Coda ||: E♭ | E♭ | F | F |
         | D♭maj7 | D♭maj7 | Csus4 | Csus4   :|| *Repeat ad lib. to fade*

Diamond Dogs

Words & Music by David Bowie

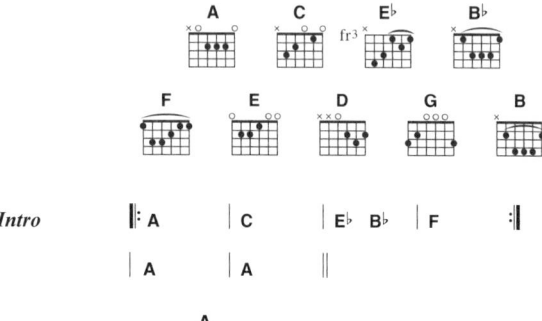

Intro	‖: A	C	E♭ B♭	F :‖
	A	A		

Verse 1
          A
As they pulled you out of the oxygen tent
   E
You asked for the latest party,
                  D
With your silicone hump and your ten inch stump:
   A
    Dressed like a priest you was, Tod Browning's freak you was.

Verse 2
   A
Crawling down the alley on your hands and knee,
    E
I'm sure you're not protected, for it's plain to see.
   D
The Diamond Dogs are poachers and they hide behind trees,
   A
Hunt you to the ground they will, mannequins with kill appeal.

Pre-chorus 1
               E
(Will they come?) I'll keep a friend serene.
               G
(Will they come?) Oh baby, come unto me.
               A
(Will they come?) Well, she's come, been and gone.

	D
Chorus 1	Come out of the garden, baby,

               A
           You'll catch your death in the fog.

           B   D   A
Young girl, they   call them the Diamond Dogs,

           B   D   A
Young girl, they   call them the Diamond Dogs.

Verse 3
     A
Now Halloween Jack is a real cool cat
        E
And he lives on top of Manhattan Chase,
  D
The elevator's broke, so he slides down a rope
 A
   Onto the street below, oh Tarzie, go man go!

Verse 4
     A
Meet his little hussy with his ghost town approach,
      E
Her face is sans feature, but she wears a Dali brooch.
D
Sweetly reminiscent, something mother used to bake,
 A
   Wrecked up and paralyzed, Diamond Dogs are sable-ized.

Pre-chorus 2
           E
(Will they come?) I'll keep a friend serene.
           G
(Will they come?) Oh baby, come unto me.
           A
(Will they come?) Well, she's come, been and gone.

Chorus 2   As Chorus 1

Link 1
            E   A
Woo-ooh-ooh-ooh, call them the Diamond Dogs.
            E   D
Woo-ooh-ooh-ooh, call them the Diamond Dogs.

‖: A | C | E♭ B♭ | F   :‖

| A | A   ‖

Verse 5
      A
In the year of the scavenger, the season of the bitch
  E
Sashay on the boardwalk, scurry to the ditch.
  D
Just another future song, lonely little kitsch.
              A
(There's gonna be sorrow,) try and wake up tomorrow.

Pre-chorus 3
               E
(Will they come?) I'll keep a friend serene.
               G
(Will they come?) Oh baby, come unto me.
               A
(Will they come?) Well, she's come, been and gone.

Chorus 3
  D
    Come out of the garden, baby
A
    You'll catch your death in the fog.
  B   D   A
Young girl, they call them the Diamond Dogs,
  B   D   A
Young girl, they call them the Diamond Dogs.

Coda
      E   A
Ooh-ooh-ooh, call them the Diamond Dogs,
      E   A
Ooh-ooh-ooh, call them the Diamond Dogs,
                          E
Bow-wow, woof woof, bow-wow-wow
               A
Call them the Diamond Dogs. Dogs!
E   A
   Call them the Diamond Dogs, call them, call them.
E   D   E
   Call them the Diamond Dogs, call them, call them, ooh-ooh.
                        D
Call them the Diamond Dogs, keep cool.
A   C   E♭ B♭   F
   Diamond Dogs rule, O.K.

Link 2
| A | C | E♭ B♭ | F |

‖: A
    Beware of the Diamond Dogs. :‖   *Repeat to fade*

D.J.

Words & Music by David Bowie, Carlos Alomar & Brian Eno

Am D7 E7 F7 D9

Intro | Am | Am | D7 ||

Verse 1
        D7   Am   D7
I'm home, lost my job, and incurably ill,
                   Am
You think this is easy realism.
               D7
I've got a girl out there, I suppose,
            Am
I think she's dancing.

               D7
Feel like Dan Dare lies down.

I think she's dancing, what do I know?

Chorus 1
  Am   E7
    I am a D.J., I am what I play,
F7   G
  Can't turn around no, can't turn around, no, oh-ooh.
Am   E7
   I am a D.J., I am what I play,
F7
  Can't turn around no, can't turn around, no, oh no.
Am   E7
   I am a D.J., I am what I play
F7   N.C.
  I got believers (kiss-kiss) believing (me,)

Link 1 | Am | Am | D7 | D7 ||
        me,   oh.

Verse 2   **Am**　　　　**D7**
　　　　　　　One more weekend of

　　　　　　Lights and evening faces,
　　　　　　Am　　　　　　**D7**
　　　　　　　Fast food, living nostalgia,

　　　　　　Humble pie or bitter fruit.

Link 2　　| **Am**　　| **Am**　　| **D7**　　| **D7**　　||

Chorus 2
　　　　Am　　　　**E7**
　　　　　I am a D.J., I am what I play,
　　　　F7　　　　　　　　　　　　　　**G**
　　　　　Can't turn around no, can't turn around no, ooh.
　　　　Am　　　　**E7**
　　　　　I am a D.J., I am what I say,
　　　　F7
　　　　　Can't turn around no, can't turn around, ooh.
　　　　Am　　　　**E7**
　　　　　I am a D.J., I am what I play,
　　　　F7　　　　　　**N.C.**
　　　　I've got believers (kiss-kiss) believing (me.)

Solo　　| **Am**　　| **Am**　　| **D7**　　| **D7**　　||
　　　　　　me.

　　　　　　||: **Am**　　| **Am**　　| **D7**　　| **D7**　　:||　*Play 3 times*

Chorus 3
　　　　Am　　　　**E7**
　　　　　I am a D.J., I am what I play,
　　　　F7　　　　　　　　　　　　　　**G**
　　　　　Can't turn around no, can't turn around.
　　　　Am　　　　**E7**
　　　　　I am a D.J., I am what I play,
　　　　F7　　　　　　　　　　　　　　**G**
　　　　　Can't turn around no, can't turn around.
　　　　Am　　　　**E7**
　　　　　I am a D.J., I am what I play,
　　　　F7　　　　　　**N.C.**
　　　　　Can't turn around no.

Link 3　　| **Am**　　| **D7**　　||

Verse 3
    Am **D9**   **Am**   **D9**
    Time flies when you're having fun.

    Break his heart, break her heart.
Am   **D9**
  He used to be my boss and now he is a puppet dancer.
Am   **D9**   **Am**
  I am a D.J., and I've got believers.
D9   **Am**
  I've got believers,
D9   **Am**
  I've got believers,
D9   **Am** **D9** **Am**
  I've got believers in me.
D9   **Am**
  I am a D.J.,
D9
I am what I play.
Am
  I am a D.J. *To fade*

Drive-In Saturday

Words & Music by David Bowie

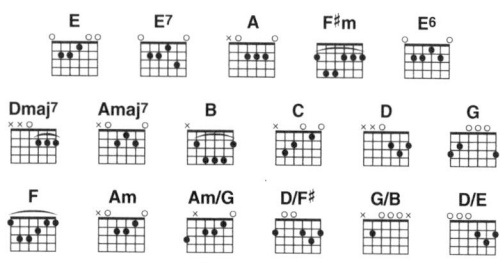

Intro | E | E E7 ||

Verse 1
        A
Let me put my arms around your head,
F♯m
  Gee, it's hot, let's go to bed.
E6
   Don't forget to turn on the light,
E
Don't laugh babe, it'll be all right.
A
  Pour me out another phone,
  F♯m
I'll ring and see if your friends are home.
E6   **A**
  Perhaps the strange ones in the dome
  E
Can lend us a book, we can read up alone.

Pre-chorus 1
     Dmaj7   **Amaj7**
And try to get it on like once before,
   Dmaj7   **Amaj7**
When people stared in Jagger's eyes and scored,
  F♯m   **B**
Like the video films we saw.

© Copyright 1973 Tintoretto Music/RZO Music Ltd (37.5%)/
EMI Music Publishing Limited (37.5%)/
Chrysalis Music Limited (25%).
All Rights Reserved. International Copyright Secured.

Chorus 1

```
            C        D      G
His name was always Buddy
            F      E    Am    Am/G
And he'd shrug and ask to stay.
    D/F#              G
She'd sigh like Twig the Wonder Kid
    C       G/B  D
And turn her face away.
    C       D     G
She's uncertain if she likes him,
        F      E    Am        Am/G
But she knows she really loves him:
    D/F#            G
It's a crash course for the ravers,
       C G/B Am   Am/G D/F#  D/E
It's a drive_____ - in Saturday.
```

Link 1

| C G/B Am Am/G | D/F# D/E D ||

Verse 2

```
A
Jung the foreman prayed at work
F#m
    That neither hands nor limbs would burst,
E6
    It's hard enough to keep formation
F
    With this fall-out saturation.
A
    Cursing at the Astronette
    F#m
That stands in steel by his cabinet,
        E6
He's   crashing out with Sylvian:
        E
The Bureau Supply for ageing men.
```

Pre-chorus 2

```
        Dmaj7                    Amaj7
With  snorting head he gazes to  the shore
        Dmaj7                           Amaj7
    Where once had raged a sea that raged no  more
            F#m         B
Like the video films we saw.
```

Chorus 2
                C   D   G
        His name was always Buddy
                    F   E   Am Am/G
        And he'd shrug and ask to stay.
                  D/F#   G
        And she'd sigh like Twig the Wonder Kid
           C   G/B   D
        And turn her face away.
              C   D   G
        She's uncertain if she likes him,
              F   E   Am   Am/G
        But she   knows she really loves him.
            D/F#   G
        It's a crash course for the ravers,
            C G/B Am   Am/G D/F# D/E D
        It's a drive_____ - in Saturday._____

Chorus 3
               C   D   G
        His name was always Buddy
                   F   E   Am Am/G
        And he'd shrug and ask to stay.
                D/F#   G
        And she'd sigh like Twig the Wonder Kid
           C   G/B   D
        And   turn her face away.
           C   D   G
        She's uncertain if she likes him,
            F   E   Am   Am/G
        But she   knows she really loves him:
            D/F#   G
        It's a crash course for the ravers,
            C G/B Am   Am/G D/F# D/E
        It's a drive_____ - in   Saturday, (yeah)

Link 2 | C G/B Am Am/G | D/F# D/E D ||
                     yeah.

Coda   C G/B Am   Am/G   D/F#   D/E D
              ||: Drive_____ - in   Saturday.   :|| *Repeat to fade*
                                                                    with vocal ad lib.

Eight Line Poem

Words & Music by David Bowie

Chords: F, C, D, E, E7, G

Intro
F	C	F	C
D	E E7	F	C
F	C	F	C
E7	F D	G F	C

Verse

    C   F
Tactful cactus by your window
    C   F
  Surveys the prairie of your room.
    C   D
  Mobile spins to its col - lision,
E7   F
Clara puts her head between her paws.
    C   F
  They've opened shops down on the West side,
    C   F
  Will all the cacti find a home?
    C   E E7
  But the key to the city
F   D   G F C
Is in the sun that pins the branches to the sky, oh.___

Outro
| F | C | F | C |
| F | C | F | C |

Everyone Says 'Hi'

Words & Music by David Bowie

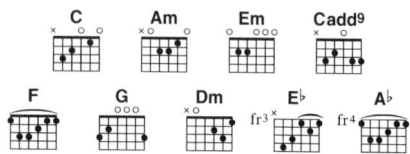

Intro | C | Am ||

Verse 1
    C   Em
Said you took a big   trip,
Am   Cadd9
They said you moved a - way.
F   G   C Am
Happened oh, so quiet - ly they say.
C   Em
Should have took a pic - ture,
Am   Em
Something I could keep.
F   G
Buy a little frame,
          Dm G   Dm G
Something cheap   for you.
           (C)
Everyone says 'Hi.'

Link 1 | C | Am | C | Am ||

Verse 2
    C   **Em**
  Said you sailed a big ship,
Am   **Cadd9**
  Said you sailed a - way.
F   **G**   **C** **Am**
  Didn't know the right thing to say.
C   **Em**
  I'd love to get a let - ter,
Am   **Em**
  Like to know what's what.
F   **G**
  Hope the weather's good
            Dm G **Dm G**
And it's not too hot   for you.
             Dm G
Everyone says 'Hi.'
             Dm G
Everyone says 'Hi.'

Everyone says,
Dm   **Em**
Don't stay in a sad place
       F   **G**
Where they don't care how you are,
        (C)
Everyone says 'Hi.'

Link 2 | **C** | **Am** | **C** | **Am** ||

Bridge

E♭			Dm

If the money is lou - sy,

Am   **A♭**
You can always come   home.

C   **Am**
We can do the old things,

F   **Am**
We can do all the bad things.

E♭   **Dm**
If the food gets you leer - y,

Am   **A♭**
You can always phone.

C   **Am**
We could do all the good things,

F   **Am**
We could do it, we could do it, we could do it.

Dm   **Em**
Don't stay in a bad place

          F   **G**
Where they don't care how you are.

Outro

N.C.(G)   **Dm Em**
Everyone says 'Hi.'

              F   **G**
Everyone says 'Hi.'

            Dm Em
Everyone says 'Hi.'

              F   **G**
And the girl next door,

             Dm   **Em**
And the guy up - stairs,

              F   **G**
Everyone says 'Hi.'

                  Dm   **Em**
And your mum and dad,

              F   **G**
Everyone says 'Hi.'

               Dm   **Em**
And your big fat dog,

              F   **G**
Everyone says 'Hi.'

Everyone says… *To fade*

Golden Years

Words & Music by David Bowie

F♯ E D Bm
G C Am B♭dim Em7

Intro | F♯   E   F♯ | F♯   E   F♯ ||

F♯   E   F♯   E   F♯ E
Golden years, go - ld whop whop whop,
F♯   E   F♯   E   F♯ E
Golden years, go - ld whop whop whop,
F♯   E   F♯   E
Golden years, go - ld whop whop whop.

Verse 1
    F♯   E
   Don't let me hear you say
    F♯   E   F♯ E
Life's taking you nowhere, an - gel.
F♯   E
(Come get up, my baby.)
F♯   E
Look at that sky, life's begun,
F♯   E   F♯   E
Nights are warm and the days are young.
F♯   E
(Come get up, my baby).

Chorus 1
    D   Bm
There's my baby, lost that's all,
    D   Bm
Once I'm begging you save her little
F♯   E   F♯   E   F♯ E
{ Golden years, go - ld whop whop whop.
{ soul.
F♯   E
(Come get up, my baby.)

© Copyright 1975 Tintoretto Music/RZO Music Ltd (63%)/
Chrysalis Music Limited (25%)/
EMI Music Publishing Limited (12%).
All Rights Reserved. International Copyright Secured.

Verse 2
      F♯   E
    Last night they loved you,
F♯   E   F♯ E
Opening doors and pulling some strings, angel.
F♯   E
(Come get up, my baby).
F♯   E
In walked luck and you looked in time,
F♯   E   F♯ E
Never look back, walk tall, act fine.___
F♯   E
(Come get up, my baby).

Chorus 2
      D   Bm   D   Bm
I'll stick with you baby for a   thousand years,
G   C   Am   B♭dim Bm Em7 N.C.
Nothing's gonna touch you in these golden years.___   gold,
F♯   E   F♯ E   F♯ E
Golden years, go - ld whop whop whop.
F♯   E
(Come get up, my baby.)

Verse 3
      F♯   E
Some of these days, and it won't be long,
      F♯   E
Gonna drive back down where you once belonged,
    F♯   E
In the back of a dream car twenty foot long.
      F♯   E
Don't cry my sweet, don't break my heart.
F♯   E
Doing all right, but you gotta get smart.
F♯   E   F♯
Wish upon, wish upon, day upon day, I believe, oh Lord,
E   F♯   E
I believe all the way.___
F♯   E   F♯   E
Run for the shadows, run for the shadows,
F♯   E   F♯   E
Run for the shadows in these golden years.

	D Bm
Chorus 3	There's my baby, lost that's all,

D   Bm
Once I'm begging you save her little

F♯   E   F♯   E   F♯   E
{ Golden years, go - ld whop whop whop.
  soul.___

F♯   E
(Come get up, my baby.)

Verse 4

F♯   E
  Don't let me hear you say

    F♯   E   F♯   E
Life's   taking you nowhere, angel.

F♯   E
(Come get up, my baby).

F♯   E   F♯   E
Run for the shadows, run for the shadows,

F♯   E   F♯   E
Run for the shadows in these golden years.

Chorus 4

      D   Bm   D   Bm
I'll stick with you   baby for a   thousand years,

G   C   Am   B♭dim   Bm   Em7   N.C
Nothing's gonna touch you in these   golden years.___   gold,

F♯   E   F♯   E   F♯   E
Golden years, go - ld whop whop whop.

Coda

𝄆 F♯   E   F♯   E   F♯   E
Golden years, go - ld whop whop whop.   𝄇 *Play 9 times*

| F♯   ‖

Fame

Words & Music by David Bowie, John Lennon & Carlos Alomar

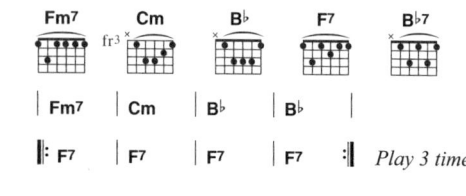

Intro | Fm7 | Cm | B♭ | B♭ |

‖: F7 | F7 | F7 | F7 :‖ *Play 3 times*

Verse 1

F7
   Fame, makes a man take things over.

Fame, lets him loose, hard to swallow.

Fame, puts you there where things are hollow.

Fame.

B♭7
   Fame, it's not your brain, it's just the flame

                                F7
That burns your change to keep you insane.

Fame.

| F7 | F7 | F7 | F7 ‖

Verse 2

F7
   Fame, what you like is in the limo.

Fame, what you get is no tomorrow.

Fame, what you need you have to borrow.

Fame.

B♭7
   Fame, "Mine! It's mine!" is just his line

                             F7
To bind your time, it drives you to… crime.

Fame.

| F7 | F7 | F7 | F7 ‖

© Copyright 1975 Lenono Music (33.34%)/
100 MPH Music/Universal Music Publishing MGB Limited (33.33%)/
(administered in Germany by Musik Edition Discoton GmbH, A Division of Universal Music Publishing Group)/
Jones Music America/RZO Music Ltd (12.5%)/
EMI Music Publishing Limited (12.5%)/
Chrysalis Music Limited (8.33%).
All Rights Reserved. International Copyright Secured.

Link | Fm7 | Cm | B♭ | B♭ ‖

| F7 | F7 | F7 | F7 ‖

F7
Could it be the best, could it be?

Really be, really, babe?

Could it be, my babe, could it, babe?

Really, really?

Verse 3
F7
Is it any wonder I reject you first?

Fame, fame, fame, fame.

Is it any wonder you're too cool to fool?

Fame.
B♭7
(Fame) Bully for you, chilly for me,
F7
Got to get a rain check on pain,

Fame.

| F7 | F7 | F7 | F7 ‖

Coda
F7
‖: (Fame, fame, fame, fame, fame, fame, fame, fame, fame, fame

Fame, fame, fame, fame, fame, fame, fame, fame, fame, fame

Fame, fame, fame.)

Fame, what's your name? :‖   *Repeat to fade*

Fashion

Words & Music by David Bowie

G7 F7 G7♯9 F7♯9 B♭ A♭ Dm7 C F

Intro | (G7) (F7) | (F7) | G7♯9 F7♯9 | F7 |
           | G7♯9 F7♯9 | F7 | G7♯9 F7♯9 | G7♯9 ||

Verse 1
        G7   F7   G7 F7
There's a brand new dance but I don't know its name
     G7   F7   G7♯9 F7♯9
That people from bad homes do again and again.
    G7   F7   G7 F7
It's big and it's bland full of tension and fear,
     G7   F7   G7♯9 F7♯9
They do it over there but we don't do it here.

Chorus 1
        B♭ A♭
Fashion! Turn to the left.
B♭ A♭   B♭
Fashion! Turn to the right.
          A♭
Oooh, fashion!
B♭ A♭   B♭ A♭
      We are the goon squad and we're coming to town.
B♭   A♭ B♭ A♭ B♭
Beep-beep,   beep-beep.

Link 1 ||: (G7) (F7) | (F7) | (G7) (F7) | (F7) :||

© Copyright 1980 Tintoretto Music/RZO Music Ltd (84%)/
EMI Music Publishing Limited (16%).
All Rights Reserved. International Copyright Secured.

Bridge 1

Dm7
Listen to me, don't listen to me.
C
Talk to me, don't talk to me.
Dm7
Dance with me, don't dance with me,
F   **C F**
No, beep-beep!

Verse 2

      G7   **F7**   **G7 F7**
There's a brand new talk, but it's not very clear, oh bop
   G7   **F7**   **G7♯9 F7♯9 G7 F7**
That people from good homes are talking this year, oh - bop, fashion.
  G7   **F7**   **G7♯9 F7♯9**
It's loud and tasteless and I've heard it before, oh - bop.
   G7   **F7**
You shout it while you're dancing on the ol' dance floor.
G7 F7   **G7 F7**
Oh - bop, fashion.

Chorus 2

B♭   **A♭**
Fashion! Turn to the left.
B♭   **A♭ B♭**
Fashion! Right!
B♭   **A♭ B♭ A♭**
Fashion!
B♭ A♭   **B♭ A♭**
We are the goon squad and we're coming to town.
B♭   **A♭ B♭ A♭ B♭**
Beep-beep,   beep-beep.

Link 2

‖: (G7) (F7) | (F7) | (G7) (F7) | (F7)   :‖

Bridge 2

As Bridge 1

Coda

    (G7)   **(F7) (G7) (F7)**
‖: Oh,___ bop, do   do do do do do do do,
(G7)   **(F7) (G7) (F7)**
Fa-fa-fa-fa-fa - shion.
(G7)   **(F7) (G7) (F7)**
Oh,___ bop, do   do do do do do do do,
(G7)   **(F7) (G7) (F7)**
Fa-fa-fa-fa-fa - shion.
          G7   **F7**
La-la la la, la la, la-la. :‖ *Repeat ad lib. to fade*

Five Years

Words & Music by David Bowie

Chords: G, Em, A7, C, Am, G/B, Am7, D7, D, A

Intro (Drums fade in)

Verse 1
```
        G                                 Em
   Pushing through the market square,  so many mothers sighing,
   A7                          C
   News had just come over, we had five years left to cry in.
   G                              Em
   News guy wept and told us, Earth was really dying,
   A7                                  C
   Cried so much his face was wet, then I knew he was not lying.
```

Pre-chorus 1
```
             G
   I heard telephones, opera house, favourite melodies,
        Em
   I saw boys, toys, electric irons and TVs.
        A7
   My brain hurt like a warehouse, it had no room to spare,
        C
   I had to cram so many things to store everything in there.
                  Am          C                  Am
   And all the fat-skinny people,   and all the tall-short people
   C              G/B  Am7  G      C                     D7
   And all the no-bo - dy   people, and all the somebody people
                                    Am       C
   I never thought I'd need so many people.
```

© Copyright 1972 Tintoretto Music/RZO Music Ltd (37.5%)/
EMI Music Publishing Limited (37.5%)/
Chrysalis Music Limited (25%).
All Rights Reserved. International Copyright Secured.

Verse 2

    G   **Em**
A girl my age went off her head,   hit some tiny children.
A
    If the black had not pulled her off
C
I think she would have killed them.
G
    A soldier with a broken arm
    Em
Fixed his stare to the wheels of a Cadillac;
A
    A cop knelt and kissed the feet of a priest,
    C
And a queer threw up at the sight of that.
G
    I think I saw you in an ice-cream parlour,
Em
    Drinking milk-shakes cold and long
A
Smiling and waving and looking so fine,
C
    Don't think you knew you were in this song.

Pre-chorus 2

                  G
And it was cold, and it rained so I felt like an actor,
       Em
And I thought of Ma and I wanted to get back there,
    A
Your face, your race, the way that you talk;
  C
I kiss you, you're beautiful, I want you to walk.

Chorus

             G
‖: We've got five years, stuck on my eyes,
Em
Five years, what a surprise!
     A
We've got five years, my brain hurts a lot,
C
Five years, that's all we've got. :‖   *Play 4 times*

Coda

| **G** | **Em** | **A** | **C** |

Five years,   five years, five years, five years.

| **G** | **G**   ‖ *(Drums to fade)*

Hallo Spaceboy

Words by David Bowie
Music by David Bowie & Brian Eno

Bm   G7   A   F   F#

Intro (Drums) ‖: Bm | Bm | Bm | Bm |
| G7 | G7 | G7 | G7 :‖

Verse 1
Bm
Spaceboy, you're sleepy now, your silhouette is so stationary. **G7**
Bm   **G7**
You're released but your custody calls and I wanna be free.

Don't you wanna be free?
A
Do you like girls or boys?
F
It's confusing these days
G7
But moondust will cover you,
F#
Cover you.
                Bm
This chaos is killing me. | Bm | Bm | Bm |

| G7 | G7 | G7 | G7 ‖

Chorus 1
          Dm   **G7**
So bye-bye love, yeah bye-bye love.
         Bm   **G7**
Bye-bye love, yeah bye-bye love.

| Bm | Bm | Bm | Bm | G7 | G7 | G7 | G7 |
          Bm
This chaos is killing me.

| Bm | Bm | Bm ‖

Verse 2

        Bm   **G7**
Hallo Spaceboy, you're sleepy now, your silhouette is so stationary.
                        Bm
You're released but your custody calls and I wanna be free.
              G7
Don't you wanna be free?
                   A
Do you like girls or   boys?
F
It's confusing these days
  G7
But moondust will cover you,
F♯
Cover you.
                      Bm | **Bm** | **Bm** | **Bm** ||
And the chaos is killing me.

Chorus 2

              Bm   **G7**
Yeah, bye-bye love, so bye-bye love.
              Bm   **G7**
Yeah, bye-bye love, so bye-bye love.

| **A** | **A** | **F** | **F** | **G7** | **G7** | **F♯** | **F♯** ||

Bridge

            (**Bm**)
This chaos is killing me,
            (**G7**)
This chaos is killing me.
         (**Bm**)   (**G7**)
Yeah bye bye love, bye bye love.
           Bm   **G7**
Good time love, be sweet sweet dove.
        Bm   **G7**
Bye bye spaceboy, bye bye love.

Coda

    Bm
‖: Moondust will cover you,
G7
Moondust will cover you. :‖   *Repeat to fade*

"Heroes"

Words by David Bowie
Music by David Bowie & Brian Eno

Chords used: D, G, C, Am, Em

Intro ‖: D | D | G | G :‖

Verse 1
D   G   D   G
I, I will be king, and you, you will be queen.
           C   D
Though nothing, will drive them away
         Am   Em   D
We can beat them,   just for one day.
       C   G   D
We can be heroes, just for one day.
                    G
And you, you can be mean.
   D   G
And I, I'll drink all the time
           D   G
'Cause we're lovers, and that is a fact.
        D   G
Yes we're lovers, and that is that.
           C   D
Though nothing, will keep us together
          Am   Em   D
We could steal time, just for one day.
      C   G   D
We can be heroes, for ever and ever. What d'you say?

Link 1 ‖: D | D | G | G :‖

Verse 2
       D   G
I, I wish you could swim
         D   G
Like the dolphins, like dolphins can swim.
       C   D
Though nothing, nothing will keep us together,
         Am   Em   D
We can beat them, for ever and ever
          C   G   D
Oh we can be heroes, just for one day.

© Copyright 1977 Tintoretto Music/RZO Music Ltd (63%)/
E G Music Limited/Universal Music MGB Limited
(administered in Germany by Musik Edition Discoton GmbH, a division of Universal Music Publishing Group)(25%)/
EMI Music Publishing Limited (12%).
All Rights Reserved. International Copyright Secured.

Link 2   ‖: D | D | G | G   :‖

Verse 3
   D   G
I, I will be king
     D   G
And you, you will be queen.
       C   D
Though nothing will drive them away
             Am Em   D
We can be heroes,   just for one day.
         C   G   D
We can be us,   just for one day.

Verse 4
D   G
I, I can remember (I remember)
D   G
Standing by the wall (by the wall)
       D   G
And the guns shot above our heads (over our heads)
           D   G
And we kissed as though nothing could fall (nothing could fall)
      C   D
And the shame was on the other side.

            Am
Oh we can beat them
Em   D
  For ever and ever.
           C
Then we could be heroes
G   D
  Just for one day.

Coda
D   G   D   G
  We can be heroes,   we can be heroes,
D   G   D
  We can be heroes, just for one day
     G
We can be heroes,
    C   D
We're nothing, and nothing will help us.
          Am Em   D
Maybe we're lying,   then you better not stay.
         C   G   D
But we could be safer,   just for one day *To fade*

I Have Not Been To Oxford Town

Words by David Bowie
Music by David Bowie & Brian Eno

Chords: G, Am, C/G, D/G, F/G

Intro | G | G | G | G ||

Verse 1
G
Baby Grace is the victim,

She was fourteen years of age.

And the wheels are turning, turning,

For the finger points at me.
Am
(All's well)

But I have not been to Oxford Town.

(All's well)

No I have not been to Oxford Town.

Chorus 1
C/G   G   C/G   G
Toll the bell, pay the private eye,

All's well, twentieth century dies.

© Copyright 1995 Tintoretto Music/RZO Music Ltd (75%)/
Opal Music (25%).
All Rights Reserved. International Copyright Secured.

	G
Verse 2	And the prison priests are decent,

My attorney seems sincere.

I fear my days are numbered,

Lord get me out of here.
Am
(All's well)

But I have not been to Oxford Town.

(All's well)

But I have not been to Oxford Town.

Chorus 2   As Chorus 1

C/G D/G
Bridge 1   This is your shadow on my wall,
F/G C/G
      This is my flesh and blood,

This is what I could've been.

G
Verse 3   And the wheels are turning and turning

As this twentieth century dies.

If I had not ripped the fabric,

If time had not stood still.

If I had not met Ramona,

If I'd only paid my bill.
Am
(All's well)

I have not been to Oxford Town.

(All's well)

But I have not been to Oxford Town.

Chorus 3   As Chorus 1

Bridge 2
      C/G   D/G
           This is my bunk with two sheets
                 F/G   C/G
This is my food though foul,

This is what I could've been.

Chorus 4
C/G   G   C/G   G
Toll the bell, pay the private eye,

All's well, twentieth century dies.
C/G   G   C/G   G
Toll the bell, pay the private eye,

All's well, twentieth century dies.

All's well, twentieth century dies.

All's well.
F/G   Am
All's well.
F/G   Am
All's well.
C/G   G   C/G   G
Toll the bell, pay the private eye,

All's well, twentieth century dies.
C/G   G   C/G   G
Toll the bell, pay the private eye,

All's well, twentieth century dies.

Outro | **G** | **G** | **G** | **G**   ‖

The Jean Genie

Words & Music by David Bowie

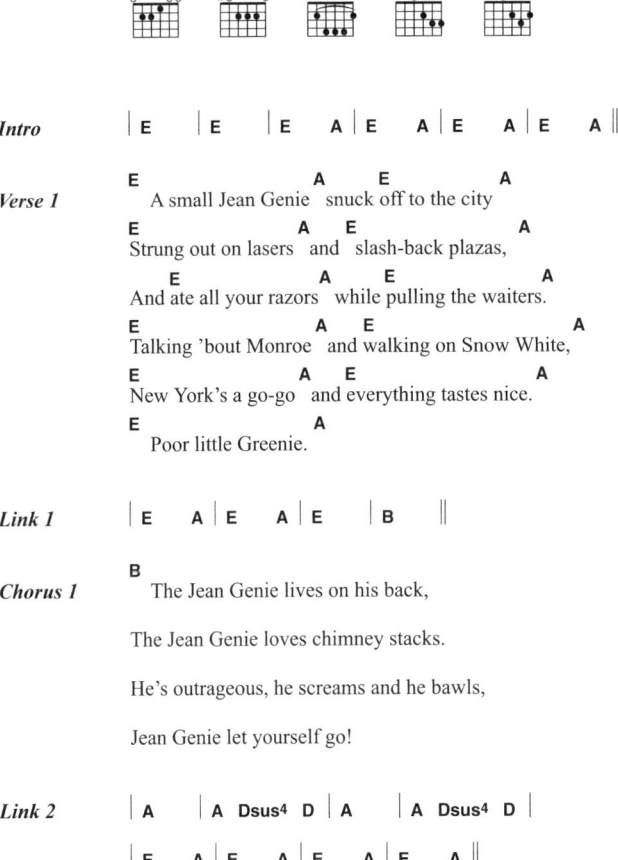

Intro	|E |E |E A E | A E | A E | A ||

Verse 1
```
     E                    A      E              A
     A small Jean Genie   snuck off to the city
     E              A       E              A
     Strung out on lasers   and   slash-back plazas,
        E                A      E              A
     And ate all your razors   while pulling the waiters.
     E                     A      E                     A
     Talking 'bout Monroe   and walking on Snow White,
     E              A      E                    A
     New York's a go-go   and everything tastes nice.
     E                 A
     Poor little Greenie.
```

Link 1	|E A |E A E | B ||

Chorus 1
```
     B
     The Jean Genie lives on his back,

     The Jean Genie loves chimney stacks.

     He's outrageous, he screams and he bawls,

     Jean Genie let yourself go!
```

Link 2	|A |A Dsus⁴ D |A |A Dsus⁴ D |
	|E A |E A E | A E | A ||

Verse 2

     E   A   E   A
Sits like a man but he smiles like a reptile,
     E   A   E   A
She love him, she love him   but just for a short while
     E   A   E
She'll   scratch in the sand, won't let go his hand;
A E   A E   A
He says he's a beautician and sells you nutrition,
     E   A E   A
And keeps all your dead hair   for   making up underwear.
E   A
   Poor little Greenie.

Link 3 | E   A | E   A | E ||

Chorus 2

B
   The Jean Genie lives on his back,

The Jean Genie loves chimney stacks.

He's outrageous, he screams and he bawls,

Jean Genie let yourself go!

Link 4 | A | A Dsus4 D | A | A Dsus4 D |

              | E   A | E   A | E   A | E   A ||

Bridge

              E   A E   A
He's so simple minded he can't drive his module,
      E   A E   A E
He bites on the neon and sleeps in a capsule.
A E   A E
  Loves to be loved,
A E
  Loves to be loved.

Guitar solo ||: E   A | E   A | E   A | E   A :|| *Play 3 times*

                  | E | E ||

Chorus 3

    B
The Jean Genie lives on his back,

The Jean Genie loves chimney stacks.

He's outrageous, he screams and he bawls,

Jean Genie let yourself go!

Link 5

| A | A Dsus⁴ D | A | A Dsus⁴ D ‖
                (go!)   (go!)

Chorus 4

    B
The Jean Genie lives on his back,

The Jean Genie loves chimney stacks.

He's outrageous, he screams and he bawls,

Jean Genie let yourself go!

Link 6

| A | A Dsus⁴ D | A | A Dsus⁴ D |
                  (go!)   (go!)

| E   A | E   A | E   A | E   A ‖

Coda

‖: E   A | E   A | E   A | E   A :‖

| E | E | E | E |

| E | E | E   ‖

In The Heat Of The Morning

Words & Music by David Bowie

Intro | C G | A | C G | Am |
              | C G | A ||

Verse 1
      G   Bm   C
The blazing sunset in your eyes will tantalise
               A
Every man who looks your way
G   Bm   C
I watched them sink before your gaze, senorita sway
                    Am
Dance with me before their frozen eyes
A♭m   B
  I'm so much in love
            A
Like a little soldier catching butterflies
Am   C
No man loved like I love you
          Dm   Am
Wouldn't you like to love me too?

Chorus 1
           A5(7)
In the heat of the morning
D/A   Am7
  In the shadow I'll clip your wings
       A5(7)
And I'll tell you I love you
D/A   Am7
  In the heat of the morning
Am   N.C.
  Mm mm, mm mm mm mm mm mm,
Am   N.C.
  Mm mm, mm mm mm mm mm mm.

© Copyright 1967 Onward Music Limited.
All Rights Reserved. International Copyright Secured.

Link | C G | A | C G | A |

Verse 2
      G   Bm   C
I'll tie a knot in rainbow's end, organise the breeze
                       A
Light my candle from the sun
G   Bm   C
 I'll give you daylight for a friend, I'll do all of these
           A
I'll prove that it can be done
A♭m   B
  Oh, I'm so much in love
                          A
Like the ragged boy who races with the wind
Am   C
No man loved like I love you
            Dm   Am
Wouldn't you like to love me too?

Chorus 2   As Chorus 1

Chorus 3   As Chorus 1

Outro
   Am   A$^{5(7)}$ D/A   Am^7 A$^{5(7)}$ D/A
‖:   Oh yeah, all day, all the way.
Am   N.C.
 Mm mm, mm mm mm mm mm mm,
Am   N.C.
 Mm mm, mm mm mm mm mm mm. :‖   *Repeat ad lib. to fade*

Joe The Lion

Words & Music by David Bowie

Chords: D, C, Em, G, B, G/B, Am, Gsus4, Esus4, Bsus4

Intro

‖: D | C | Em | D :‖

Verse 1

D
  Joe the lion
Em
  Went to the bar
B
  A couple of drinks on the house and he said
                                                D C
"Tell you who you are if you nail me to my car."
Em
Boy, thanks for hesitating
D
This is the kiss-off

Boy, thanks for hesitating
C
  You'll never know the real story
Em   D
  Just a couple of dreams, you get up and sleep

You can buy God

Chorus

C   G/B   Am   G/B
         It's Monday
        C   G/B
You slither down the greasy pipe
Am   G/B   C   G/B
So far so good no one saw you
         Am   G/B
Hobble over any freeway
C   G/B   Am   G/B
You will be like your dreams   tonight

© Copyright 1977 Tintoretto Music/RZO Music Ltd (84%)/
EMI Music Publishing Limited (16%).
All Rights Reserved. International Copyright Secured.

	Gsus⁴ G
Bridge	You get up and sleep

Bridge
    Gsus⁴ G
           You get up and sleep
    Esus⁴ Em
           You get up and sleep
      Bsus⁴ B
Joe the lion

Made of iron

Verse 2
D
  Joe the lion
C
Went to the bar
               Em
A couple of drinks on the house

And he was a fortune teller, he said:
D
  "Nail me to my car and I'll tell you who you are."

Verse 3
D
  Joe the lion (yeah, yeah)
C
Went to the bar (yeah, yeah)
Em   **D**
  A couple of dreams and he was a fortune teller:

"Nail me to my car, tell you who you are."

Outro
You get up and sleep,

The wind blows on your cheek

The day laughs in your face

Guess you'll buy a gun

You'll buy it secondhand

You get up and sleep

‖: Joe the lion, made of iron. :‖   *Repeat ad lib. to fade*

John, I'm Only Dancing

Words & Music by David Bowie

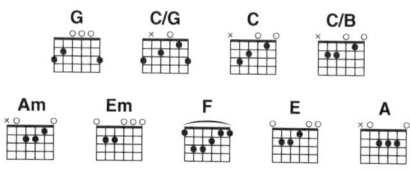

| *Intro* | | G C/G G C/G | G C/G G C/G | G C/G G C/G | G C/G G C/G || |

Verse 1

    G
  Annie's very sweet, she always eats her meat;

  Joey comes on strong, bet your life he's putting us on.
  C   C/B
  Oh lordy, oh lordy,
  Am   C
  You know I need some loving.
  G
  I'm moving, touch me!

Chorus 1

  Em   F
  John, I'm only dancing,
                Em   E
  She turns me on, but I'm only dancing.
              F   G
  She turns me on, but don't get me wrong,
      A
  I'm only dancing.

  | A | A | A ||

Link | G C/G G C/G | G C/G G C/G | G C/G G C/G | G C/G G C/G ||

© Copyright 1972 Tintoretto Music/RZO Music Ltd (37.5%)/
EMI Music Publishing Limited (37.5%)/
Chrysalis Music Limited (25%).
All Rights Reserved. International Copyright Secured.

Verse 2
    G
Shadow love was quick and clean, life's a well thumbed machine.

I saw you watching from the stairs, you're everyone that ever cared.

  C   **C/B**
  Oh lordy, oh lordy,

Am   **C**
  You know I need some loving.

G
  I'm moving, touch me!

Chorus 2
Em   **F**
John, I'm only dancing,
          Em   **E**
She turns me on, but I'm only dancing.
          F   **G**
She turns me on, but don't get me wrong,
    A
I'm only dancing.

Chorus 3
Em   **F**
John, I'm only dancing,
          Em   **E**
She turns me on, but I'm only dancing.
          F   **G**
She turns me on, but don't get me wrong,
    A
I'm only dancing.

| **A** | **A** ||

Coda
A
Dancing, won't someone dance with me?

Touch me! Oh!

| **A** | **A** | **A** | **A** | **A** | **A G** ||

Jump They Say

Words & Music by David Bowie

Chords: C, B♭/D, Dm, F, Gm, B♭

Intro ‖: C | B♭/D | C | B♭/D   :‖

Verse 1
```
        C                       B♭/D
    When comes the shaking man,
        C              B♭/D
    A nation in his eyes,
        C                           B♭/D
    Striped with blood and emblazed tattoo,
        C                     B♭/D
    Streaking cathedral spire.
```
            C B♭/D   C
They say,   they say,
B♭/D   C   B♭/D
   They say; he has no brain.
       C   B♭/D
They say; he has no mood.
       C   B♭/D
They say; he was born again.
       C   B♭/D
They say; look at him climb.

Chorus 1
          Dm | F | Gm | C |
They say, Jump,
          Dm | F | Gm | C ‖
They say, Jump.

Link 1 ‖: C | B♭/D | C | B♭/D   :‖

Verse 2
      C   B♭/D
They say; he has two gods.
      C   B♭/D
They say; he has no fear.
      C   B♭/D
They say; he has no eyes.
      C   B♭/D
They say; he has no mouth.

© Copyright 1993 Tintoretto Music/RZO Music Ltd.
All Rights Reserved. International Copyright Secured.

	B♭ C
Pre-chorus 1	They say; hey, that's really something,
	B♭ C
	They feel he should get some time.
	B♭ C
	I say he should watch his ass,
	B♭ C
	My friend, don't listen to the crowd.

	Dm	F	Gm	C	
Chorus 2	They say, "Jump,"
	Dm	F	Gm	C ‖
	They say, "Jump." Watch out!

	| N.C. | N.C. | N.C. | N.C. |
Solo	Watch out!
	| C | C | C | C ‖

Pre-chorus 2   As Pre-chorus 1

	Dm F Gm C
Chorus 3	They say "Jump," got to believe somebody,
	Dm F Gm C
	They say "Jump," got to believe somebody,
	Dm F Gm C
	They say "Jump," got to believe._____
	Dm F Gm C
	They say "Jump," got to believe somebody.

	Dm F Gm C
Coda	Jump,____ got to believe,____
	Dm F Gm C
	Jump,____ got to believe somebody.
	Dm F Gm C
	Jump,____ got to believe,____
	Dm F Gm C
	Jump,____ got to believe somebody.

| C | B♭/D | C | B♭/D   ‖   *To fade*
Jump.

Kooks

Words & Music by David Bowie

Chord diagrams: D, Am, D7sus2, C, G/B, F, A, G, E, A/C#, Bm

Intro | D | D | Am | Am ||

Chorus 1
    D
Will you stay in our lovers' story?
    D7sus2
If you stay you won't be sorry,
    C   G/B
'Cause we believe in you.
Am   D   Am   D
Soon you'll grow so take a chance
         Am   D   Am   F   C
With a couple of kooks hung up on ro - manc - ing.

Chorus 2 As Chorus 1

Link 1 | D | D | Am | Am ||

Verse 1
D   A
We bought a lot of things to keep you warm and dry
    D   A
And a funny old crib on which the paint won't dry.
D   G
I bought you a pair of shoes,
D   G
A trumpet you can blow and a book of rules
D   A
On what to say to people when they pick on you,

'Cause if you stay with us you're gonna be pretty kookie too.

© Copyright 1971 Tintoretto Music/RZO Music Ltd (37.5%)/
EMI Music Publishing Limited (37.5%)/
Chrysalis Music Limited (25%).
All Rights Reserved. International Copyright Secured.

Chorus 3   As Chorus 1

Link 2 | D | D | Am | Am ||

Verse 2
   D   **A**
  And if you ever have to go to school,
D   **A**
Re - member how they messed up this old fool.
D   **G**
Don't pick fights with the bullies or the cads,
        D   **G**
'Cause I'm not much cop at punching other people's dads.
D   **A**
  And if the homework brings you down,

Then we'll throw it on the fire and take the car downtown.

Chorus 4
  E
||: Will you stay in our lovers' story?

If you stay you won't be sorry,
    D   **A/C#**
'Cause we believe in you.
Bm   **E**   **Bm**   **E**
Soon you'll grow so take a chance
     Bm   **E**   **Bm**   **G**   **D**
With a couple of kooks hung up on ro - manc - ing. :|| *Repeat to fade*

Lady Grinning Soul

Words & Music by David Bowie

F#m   G   A   G#m   B
Bsus4   A#   D#m   C#   E

Freely

Intro | F#m | G | A | G | F#m ||

In time

Verse 1
    N.C.   **F#m**
She'll come,   she'll go,
       G
She'll lay   belief on you,
               A
Skin sweet with musky oil.
   G#m   **B**   **Bsus4 B**
The lady from another grinning soul.

Verse 2
    N.C. **F#m**
Cologne   she'll wear,
     G
Silver   and Americard,
            A
She'll drive a Beetle car
G#m   **B**   **Bsus4 B**
And beat you down at cool Cana - sta.

Chorus 1
    N.C. A#   **D#m**
And when the clothes are strewn,
B   **A#**   **B**
  Don't be a - fraid of the room.
                   C#
Touch the fullness of her breast,
               E
Feel the love of her caress,
           G#m   **B**
She will be your   living end.

© Copyright 1973 Tintoretto Music/RZO Music Ltd (37.5%)/
EMI Music Publishing Limited (37.5%)/
Chrysalis Music Limited (25%).
All Rights Reserved. International Copyright Secured.

Guitar solo | N.C. | |

| F♯m | F♯m | G | G |
| A | G♯m | B Bsus⁴ | B ‖

Verse 3
N.C.   F♯m
She'll come, she'll go,
      G
She'll lay belief on you,
          A
But she won't stake her life on you.
G♯m   B   Bsus⁴ B
How can life become her point of view?

Chorus 2
N.C. A♯   D♯m
And when the clothes are strewn,
B   A♯   B
  Don't be a - fraid of the room.
                        C♯
Touch the fullness of her breast,
              E
Feel the love of her caress,
                G♯m   (G)
She will be your living end.

Outro
G   G♯m
  She will be your living end.
B   G♯m
  She will be your living end.
G   G♯m
  She will be your living end.
B   G♯m   G G♯m B
  She will be your living end._____

| G♯m | G | G♯m | B |
| G♯m | G | G♯m | B |
Oh.____

| G♯m | G | G♯m | B |

| G♯m | G | G♯m | B ‖ *To fade*

Lady Stardust

Words & Music by David Bowie

| Intro | ‖: A(♯11) A5 A6 A(♯11) A5 | E(♯11) E5 E(♯11) E5 :‖ |

Verse 1
```
        A        C♯         F♯m    F♯m/E  D
        People stared at the makeup on his face,
        A         F♯m            E          C♯/E♯
         Laughed at his long black hair,   his animal grace.
        F♯m          D              A              C♯
         The boy in the bright blue jeans   jumped up on the stage,
        A          E                 D                  D/E  E
        Lady Stardust sang his songs of   darkness and disgrace.
```

Chorus 1
```
        (E)        A  E       D            D/E
        And he was all right, the band was all to - gether.
        E          A          D            D/E
        Yes he was all right, the song went on for - ever.
        E        Em   Em/D♯ Em/D              Em/C♯
        Yes he was awful nice,   really quite out of sight
                  A  E    D    Esus4 E
        And he sang all night long.
```

Verse 2
```
        A              C♯                F♯m       F♯m/E    D
         Femme fa - tales emerged from shadows to watch this creature fair,
        A         F♯m              E                    C♯/E♯
         Boys stood u - pon their chairs to make their point of view.
        F♯m        D           A                C♯
         I smiled sadly for a love I could not o - bey,
        A          E                 D               D/E  E
        Lady Stardust sang his songs of darkness and dismay.
```

© Copyright 1972 Tintoretto Music/RZO Music Ltd (37.5%)/
EMI Music Publishing Limited (37.5%)/
Chrysalis Music Limited (25%).
All Rights Reserved. International Copyright Secured.

Chorus 2

    (E)   **A E**   **D**   **D/E**
And he was all right, the band was all to - gether.
E   **A E**   **D**   **D/E**
Yes he was all right, the song went on for - ever.
E   **Em**   **Em/D♯ Em/D**   **Em/C♯**
And he was awful nice,   really quite para - dise
           A   **E**   **D**   **D/E E**
And he sang   all night long.

Bridge

D   **B7/D♯**   **Esus4**   **E**
Ooh, how I sighed when they asked if I knew his name.

Chorus 3

    (E)   **A E**   **D**   **D/E**
For they was all right, the band was all to - gether.
E   **A**   **E**   **D**   **D/E**
Yes he was all right   and the song went on for - ever.
E   **Em**   **Em/D♯ Em/D**   **Em/C♯**
  He was   awful nice,   really quite para - dise,
          A   **E**   **D**   **D/E E**
He sang   all night long.

Outro

‖: **A(♯11)** **A5** **A6** **A(♯11)** **A5** | **E(♯11)** **E5** **E(♯11)** **E5** :‖

| **A**   ‖

Little Wonder

Words by David Bowie
Music by David Bowie, Reeves Gabrels & Mark Plati

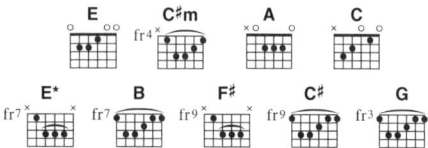

Verse 1

    E   C#m
Stinking weather, fat   shaky hands,
  A   C
Dopey morning Doc, Grumpy gnomes.
E   C#m
Little wonder then,   little wonder,
A   C
You little wonder, little wonder you.
  E   C#m
Big screen dolls, tits and explosions,
  A   C
Sleepy-time, Bashful but nude.
E   C#m
Little wonder then,   little wonder,
A   C
You little wonder, little wonder you.

Link 1

E
I'm getting it.

Verse 2

E   C#m
Intergalactic, see me to be you,
  A   C
It's all in the tablets, Sneezy Bhutan.
E   C#m
Little wonder then,   little wonder,
A   C
You little wonder, little wonder you.

© Copyright 1997 Tintoretto Music/RZO Music Ltd (83.33%)/
Exploded View Music/Bug Music Limited (16.67%).
All Rights Reserved. International Copyright Secured.

	E **C♯m**
cont.	Mars Happy nation, sit on my karma,
	A **C**
	Dame meditation, take me away.
	E **C♯m**
	Little wonder then, little wonder,
	A **C**
	You little wonder, little wonder you.

Link 2
| E | E | E | E ‖
‖: E* B | E* | E* B | B :‖
‖: F♯ C♯ | F♯ | F♯ C♯ | C♯ :‖

Chorus 1
N.C.   **G**   **A**
Sending me so far away, so far away,
B
  So far away, so far away.
G   **A**
So far away, so far away,
B
  So far away, so far away.
G   **A**
So far away, so far away,
B
  So far away, so, so far away.
G   **A**
So far away, so far away,
B
  So far away, so, so far away.

Bridge 1
B
Little wonder,

You little wonder, you.

Little wonder,
N.C.
You little wonder you.

Interlude   (Drum and bass)

Chorus 2
      N.C.   **G**   **A**
Sending me so far away, so far away,
B
  So far away, so far away.
G   **A**
So far away, so far away,
B
  So far away, so far away.
G   **A**
So far away, so far away,
B
  So far away, so, so far away.
G   **A**
So far away, so far away,
B
  So far away, so, so far away.

Bridge 2
B
Little wonder,

You little wonder, you.

Little wonder,
        N.C.
You little wonder you.

Link 3 | **E** | **C♯m** | **A** | **C** ||

Outro
E C♯m A   **C**   **E C♯m A C**
  You little wonder, little wonder you.
E   **C♯m**
  Little wonder then,   little wonder,
A   **C**   **E**
You little wonder, little wonder you.

The Laughing Gnome

Words & Music by David Bowie

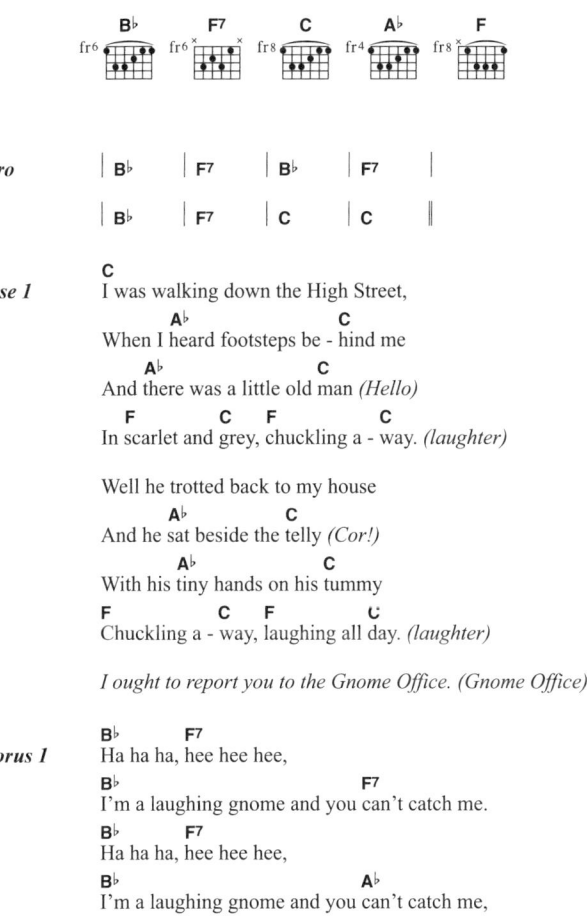

Intro | B♭ | F7 | B♭ | F7 |
| B♭ | F7 | C | C ||

Verse 1
    C
I was walking down the High Street,
        A♭   C
When I heard footsteps be - hind me
      A♭   C
And there was a little old man *(Hello)*
  F   C   F   C
In scarlet and grey, chuckling a - way. *(laughter)*

Well he trotted back to my house
      A♭   C
And he sat beside the telly *(Cor!)*
       A♭   C
With his tiny hands on his tummy
  F   C   F   C
Chuckling a - way, laughing all day. *(laughter)*

I ought to report you to the Gnome Office. (Gnome Office)

Chorus 1
  B♭   F7
Ha ha ha, hee hee hee,
  B♭   F7
I'm a laughing gnome and you can't catch me.
  B♭   F7
Ha ha ha, hee hee hee,
  B♭   A♭
I'm a laughing gnome and you can't catch me,
  N.C.   C
Said the laughing gnome.

© Copyright 1967 Westminster Music Limited.
All Rights Reserved. International Copyright Secured.

Verse 2

    C
Well I gave him roasted toadstools
   A♭   **C**
And a glass of dandelion wine *(Burp, pardon)*
   A♭   **C**
Then I put him on a train to Eastbourne,
F   **C**   **F**   **C**
Carried his bag and gave him a fag.

(Have you got a light boy?)

Here, where do you come from? (Gnome-man's land) Oh, really?

In the morning when I woke up,
   A♭   **C**
He was sitting on the edge of my bed
    A♭   **C**
With his brother whose name was Fred,
F   **C**   **F**   **C**
He'd brought him a - long to sing me a song.

Right, let's hear it. Here, what's that clicking noise?

(That's Fred, he's a 'metrognome')

Chorus 2

B♭   **F7**
Ha ha ha, hee hee hee,
B♭   **F7**
I'm a laughing gnome and you can't catch me.
B♭   **F7**
Ha ha ha, hee hee hee,
B♭   **A♭**
I'm a laughing gnome and you can't catch me.
N.C.
(Own up, I'm a gnome, ain't I)
C
Haven't you got an 'ome to go to?

(No, we're gnomads)

Didn't they teach you to get your hair cut at school?

You look like a rolling gnome.

(No, not at the London School of Ecognomics)

Verse 3

     C
Now they're staying up me chimney
      A♭   **C**
And we're living on caviar and honey, *(hooray!)*
       A♭   **C**
'Cause they're earning me lots of money
   F   **C**   **F** **C**
Writing comedy prose for radio shows.

It's the er, (go on) it's the Gnome service of course!

Chorus 3

   B♭   **F7**
‖: Ha ha ha, hee hee hee,
B♭   **F7**
I'm a laughing gnome and you can't catch me.
B♭   **F7**
Ha ha ha, hee hee hee,
B♭   **A♭**
I'm a laughing gnome and you can't catch me. :‖ *Repeat to fade*

Let's Dance

Words & Music by David Bowie

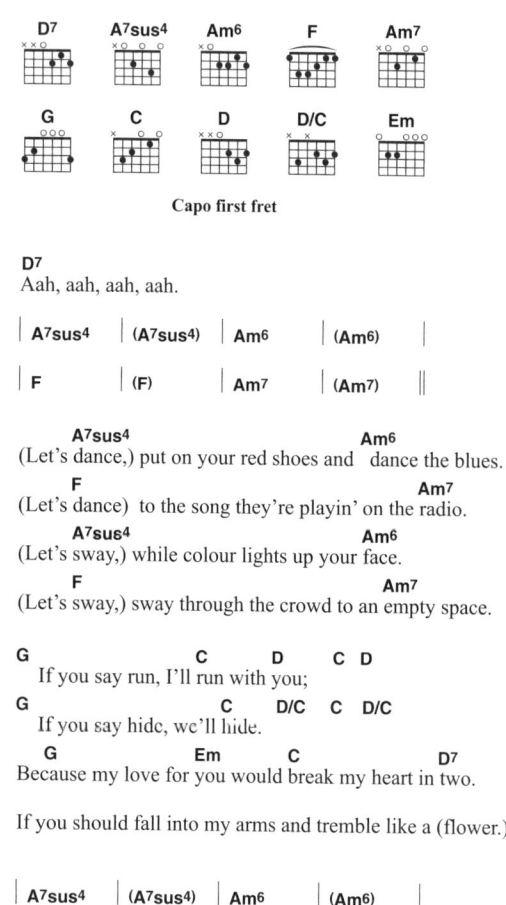

Capo first fret

Intro

    D7
Aah, aah, aah, aah.

| A7sus4 | (A7sus4) | Am6 | (Am6) |
| F | (F) | Am7 | (Am7) ||

Verse 1

      A7sus4   Am6
(Let's dance,) put on your red shoes and dance the blues.
     F   Am7
(Let's dance) to the song they're playin' on the radio.
     A7sus4   Am6
(Let's sway,) while colour lights up your face.
     F   Am7
(Let's sway,) sway through the crowd to an empty space.

Chorus 1

  G   C   D   C D
If you say run, I'll run with you;
  G   C   D/C   C D/C
If you say hide, we'll hide.
  G   Em   C   D7
Because my love for you would break my heart in two.

If you should fall into my arms and tremble like a (flower.)

Link 1

| A7sus4 | (A7sus4) | Am6 | (Am6) |
flower.

| F | (F) | Am7 | (Am7) ||
(Let's dance)

© Copyright 1983 Jones Music America.
RZO Music Ltd.
All Rights Reserved. International Copyright Secured.

| | **A⁷sus⁴**   **Am⁶**
| *Verse 2* | (Let's dance,) for fear your grace should fall.
| | **F**   **Am⁷**
| | (Let's dance,) for fear tonight is all.
| | **A⁷sus⁴**   **Am⁶**
| | (Let's sway,) you could look into my eyes
| | **F**   **Am⁷**
| | (Let's sway,) under the moonlight, this serious moonlight.

Chorus 2   As Chorus 1

Link 2 | **A⁷sus⁴** | **A⁷sus⁴** | **Am⁶** | **Am⁶** |
               flow - er.

             | **F** | **(F)** | **Am⁷** | **Am⁷** ‖

| | **A⁷sus⁴**   **Am⁶**
| *Verse 3* | (Let's dance,) put on your red shoes and dance the blues.
| | **F**   **Am⁷**
| | (Let's sway,) under the moonlight,   the serious moonlight.

Coda/   ‖: **A⁷sus⁴** | **(A⁷sus⁴)** | **Am⁶** | **(Am⁶)** |
Guitar solo
                | **F** | **(F)** | **Am⁷** | **Am⁷**   :‖ *Repeat to fade*
                                                          with vocal ad libs.

Letter To Hermione

Words & Music by David Bowie

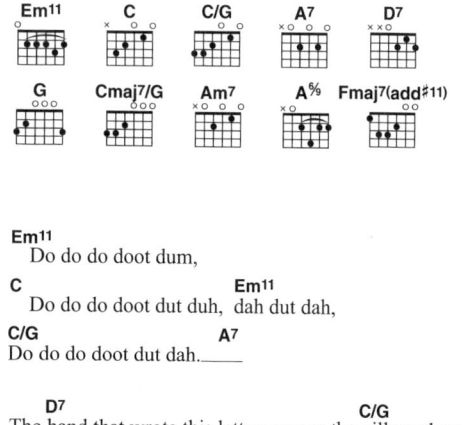

Intro

Em11
  Do do do doot dum,

C   Em11
  Do do do doot dut duh, dah dut dah,

C/G   A7
Do do do doot dut dah.____

Verse 1

        D7   C/G   G
The hand that wrote this letter sweeps the pillow clean,

  D7   C/G   G
So rest your head and read a treasured dream.

Em11
I care for no one else but you,

Cmaj7/G
I tear my soul to cease the pain,

Am7   Em11
I think maybe you feel the same,

           A6/9
What can we do?

C/G   Emadd11
  I'm not quite sure what we're sup - posed to do,

A7   Emadd11
  So I've been writing just for you.

© Copyright 1969 Tintoretto Music/RZO Music Ltd (37.5%)/
EMI Music Publishing Limited (37.5%)/
Chrysalis Music Limited (25%).
All Rights Reserved. International Copyright Secured.

Verse 2

    D7   **C/G**   **G**
They say your life is going very well.
D7   **C/G**   **G**
They say you sparkle like a different girl.
Emadd11   **Cmaj7/G**
But something tells me that you hide
                                  Am7
When all the world is warm and tired
                         Emadd11
You cry a little in the dark,
    A6/9
Well so do I.
Cmaj7/G   **Emadd11**
I'm not quite sure what you're sup - posed to say,
A7   **Cmaj7/G**   **Emadd11**
But I can see it's not o - kay.

Verse 3

    D7   **C/G**   **G**
He makes you laugh, he brings you out in style.
D7   **C/G**   **G**
He treats you well and makes you up real fine.
Emadd11   **Cmaj7/G**
And when he's strong, he's strong for you,
                                Am7
And when you kiss it's something new,
                        Emadd11
But did you ever call my name
       A6/9
Just by mis - take?
Cmaj7/G   **Emadd11**
I'm not quite sure what I'm sup - posed to do,
D7   **Cmaj7/G**   **Emadd11**
So I'll just write some love   to you.

Coda

        Cmaj7/G   **Emadd11**   **Fmaj7(add#11)**
Do do do,   do do do do do do,   do dow, doh woah woh.

Life On Mars?

Words & Music by David Bowie

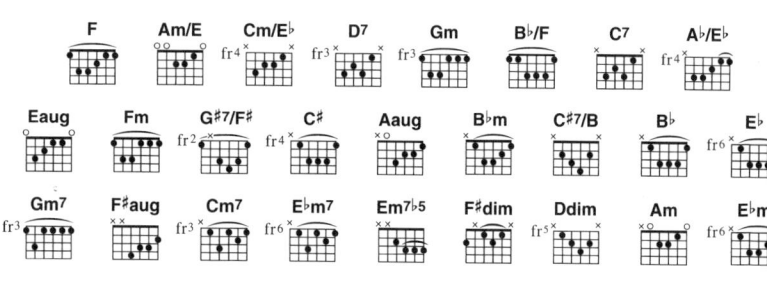

Verse 1
     F   Am/E   Cm/E♭
It's a god-awful small affair
        D7
To the girl with the mousey hair
Gm   B♭/F   C7
But her mummy is yelling "No,"
                           F
And her daddy has told her to go.
        Am/E   Cm/E♭
But her friend is nowhere to be seen
      D7
Now she walks through her sunken dream
Gm   B♭/F   C7
To the seat with the clearest view

And she's hooked to the silver screen.

Pre-chorus 1
    A♭/E♭   Eaug   Fm
But the film is a saddening bore
        G♯7/F♯
For she's lived it ten times or more.
C♯   Aaug   B♭m
She could spit in the eyes of fools
C♯7/B
As they ask her to focus on:

© Copyright 1971 Tintoretto Music/RZO Music Ltd (37.5%)/
EMI Music Publishing Limited (37.5%)/
Chrysalis Music Limited (25%).
All Rights Reserved. International Copyright Secured.

Chorus 1

| B♭ | E♭
Sailors fighting in the dance hall,
| Gm7 | F♯aug | F
  Oh man! Look at those cavemen go.
| Fm | Cm7
  It's the freakiest show.
| E♭m7 | B♭
  Take a look at the Lawman
| E♭
Beating up the wrong guy.
| Gm | F♯aug
  Oh man! Wonder if he'll ever know
| F | Fm | Cm7
  He's in the best-selling show?
| E♭m7 | Gm7 | F♯aug | B♭/F | Em7♭5
  Is there life on Mars?_____

Link | F F♯dim | Gm Ddim | Am B♭ | B♭m ‖

Verse 2
| F | Am/E | Cm/E♭
  It's on Amerika's tortured brow
| D7
That Mickey Mouse has grown up a cow.
| Gm | B♭/F | C7
  Now the workers have struck for fame

'Cause Lennon's on sale again.
| F | Am/E | Cm/E♭
  See the mice in their million hordes
| D7 | Gm
From Ibiza to the Norfolk Broads.
| B♭/F | C7
'Rule Britannia' is out of bounds

To my mother, my dog, and clowns.

Pre-chorus 2
| A♭/E♭ | Eaug | Fm
  But the film is a saddening bore
| G♯7/F♯
'Cause I wrote it ten times or more.
| C♯ | Aaug | B♭m
  It's about to be writ again
| C♯7/B
As I ask you to focus on:

Chorus 2 As Chorus 1

Coda | F F♯dim | Gm B♭/F | B♭/F | E♭ E♭m | B♭ ‖

The London Boys

Words & Music by David Bowie

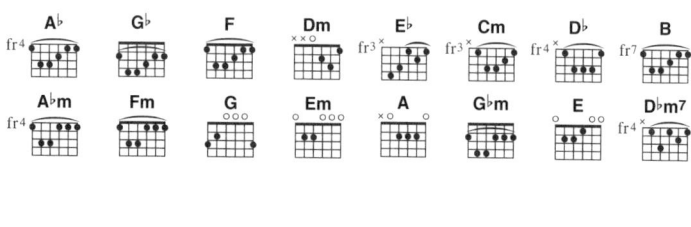

Intro	| A♭ G♭ | A♭ G♭ ||		
Verse 1	**F** Bow Bells strikes **Dm** another night,		

       F   **Dm**
Verse 1 Bow Bells strikes another night,
       E♭   **Cm**
      Your eyes are heavy and your limbs all ache.
       F   **Dm**
       You've bought some coffee, butter and bread,
       E♭   **Cm**
      You can't make a thing 'cause the meter's dead.
       F   **A♭**
      You've moved away,
        F   **A♭**
      Wrote your folks you're gonna stay a - way.

       E♭   **A♭**
Chorus 1 Bright lights, Soho, Wardour Street,
       F   **E♭**
      You hope you make friends with the guys that you meet.
      D♭   **A♭**
      Somebody shows you 'round.
      D♭   **A♭**
      Now you've met the London boys,
      D♭   **B** **A♭m** **G♭** **Fm**
      Things seem good again, some - one cares about you.

      (Fm) **F**   **Dm**
Verse 2 Oh, the first time that you tried a pill,
       E♭   **Cm**
      You feel a little queasy, de - cidedly ill.

© Copyright 1966 The Sparta Florida Music Group Limited.
All Rights Reserved. International Copyright Secured.

cont.	**F** **Dm** You're gonna be sick, but you mustn't lose face, **E♭** **Cm** To let yourself down would be a big disgrace **F** **A♭** **F** **A♭** With the London boys, with the London boys.

Chorus 2	**E♭** **A♭**
	You're only seventeen, but you think you've grown
	        F **E♭**
	In the month you've been away from your parents' home.
	 D♭ **A♭**
	You take the pills too much,
	   D♭ **A♭**
	You don't give a damn about the job you've got
	    D♭ **B** **A♭m** **G♭** **Fm**
	So long as you're with the Lon - don boys.

Bridge	**F** **Dm**
	A London boy, oh a London boy,
	  E♭ **Cm**
	Your flashy clothes are your pride and joy.
	 G **Em**
	A London boy, a London boy,
	    F **Dm**
	You're crying out loud that you're a London boy.

Verse 3	**A** **G♭m**
	You think you've had a lot of fun,
	       G **Em**
	But you ain't got nothing, you're on the run.
	   E **D♭m7**
	It's too late now, 'cause you're up there boy,
	G♭ **A**
	  You've got it made with the rest of the toys.
	E **D♭m7**
	Now you wish you'd never left your home,
	  G♭ **A**
	You've got what you wanted but you're on your own
	       D♭ **E♭** **B**
	With the London boys.___
	A♭ **D♭** **E♭** **B**
	Now you've met the London boys.___
	A♭ **D♭** **E♭** **B**
	Now you've met the London boys.___
	A♭ **D♭** **E♭** **B** **A♭** **G♭**
	Now you've met the London boys.___

Look Back In Anger

Words & Music by David Bowie & Brian Eno

E D A F#m C G

Intro		E		E		E		E	
		D		A		F#m		F#m	‖

Verse 1
       E
You know who I am, he said,
    D   A
The speaker was an an - gel.
  F#m
He coughed and shook his crumpled wings,
                          C
Closed his eyes and moved his lips.
        G
It's time we should be going.

Chorus 1
  E
(Waiting so long, I've been waiting so, waiting so)
                D   A   F#m
Look back in anger, driven by the night   till you come.
  E
(Waiting so long, I've been waiting so, waiting so)
                D   A   F#m
Look back in anger, see it in my eyes till   you come.

Link 1		C		C		G		G	‖
	‖:	E		E		E		E	
		D		A		F#m		F#m	:‖

© Copyright 1979 Tintoretto Music/RZO Music Ltd (63%)/
EG Music Limited/BMG Songs Limited (25%)/
EMI Music Publishing Limited (12%).
All Rights Reserved. International Copyright Secured.

	C
Bridge	No one seemed to hear him,

So he leafed through a magazine.

      G
And, yawning, rubbed the sleep away,
          (E)
Very sane he seemed to me.

Chorus 2

E
(Waiting so long, I've been waiting so, waiting so)
         D   A   F♯m
Look back in anger, driven by the night   till you come.
E
(Waiting so long, I've been waiting so, waiting so)
         D   A   F♯m
Look back in anger, feel it in my voice   till you come.

Outro

C   G
(Waiting so long, ah)
E   D A F♯m
(Waiting so long, I've been waiting so, waiting so)
E   D A F♯m
(Waiting so long, I've been waiting so, waiting so)
C   G
(Waiting so long, ah) *To fade.*

Love You Till Tuesday

Words & Music by David Bowie

Chord diagrams: G7, C7, F7, B♭7, F, G, C, C/B♭, A7, Dm, E♭dim, A♭ (fr4), B♭

Intro ‖: G7 | G7 | C7 | C7 :‖

Verse 1
G7   F7
Just look through your window, look who sits outside:
C7   B♭7
Little me is waiting, standing through the night.
F   G   C   C/B♭   A7
When you walk out through your door I'll wave my flag and shout;

Chorus 1
F   Dm
Oh, beautiful baby,
      G7   C7
My burning desire started on Sunday,
G7   C7
Give me your heart and I'll love you till Tuesday.

Link 1
N.C.   G7   C7
Da da da dum, da da da dum.
        G7   C7
Da da da dum, da da da dum.

Verse 2
G7   F7
Who's that hiding in the apple tree, clinging to a branch?
C7   B♭7
Don't be afraid it's only me, hoping for a little romance.
F   G   C   C/B♭   A7
If you lie beneath my shade, I'll keep you nice and cool.

© Copyright 1967 Onward Music Limited
All Rights Reserved. International Copyright Secured.

Chorus 2	**F Dm** Oh, beautiful baby, **G7 C7** I was very lonely till I met you on Sunday. **G7 C7** My passion's never-ending and I'll love you till Tuesday.
Link 2	**N.C. G7 C7** Da da da dum, da da da dum. **G7 C7** Da da da dum, da da da dum. **E♭dim F A♭ B♭ C7** Da da da dum, da da da dum, da da da dum.
Verse 3	**G7 F7** Let the wind blow through your hair, be nice to the big blue sea; **C7 B♭7** Don't be afraid of the man in the moon, because it's only me. **F G C C/B♭ A7** I shall always watch you until my love runs dry;
Chorus 3	**F Dm** Oh, beautiful baby, **G7 C7** My heart's aflame, I'll love you till Tuesday. **G7 C7** My head's in a whirl and I'll love you till Tuesday. **G7 C7** Love, love, love, love you till Tuesday, **G7 C7** Love, love, love, love you till Tuesday.
Link 3	**G7 C7** 𝄆 Da da da dum, da da da dum. **G7 C7** Da da da dum, da da da dum. 𝄇
Coda	**E♭dim F A♭ B♭** Da da da dum, da da da dum, **C** Da da da dum.
(Spoken)	**N.C. C** Well, I might stretch it till Wednesday.

Loving The Alien

Words & Music by David Bowie

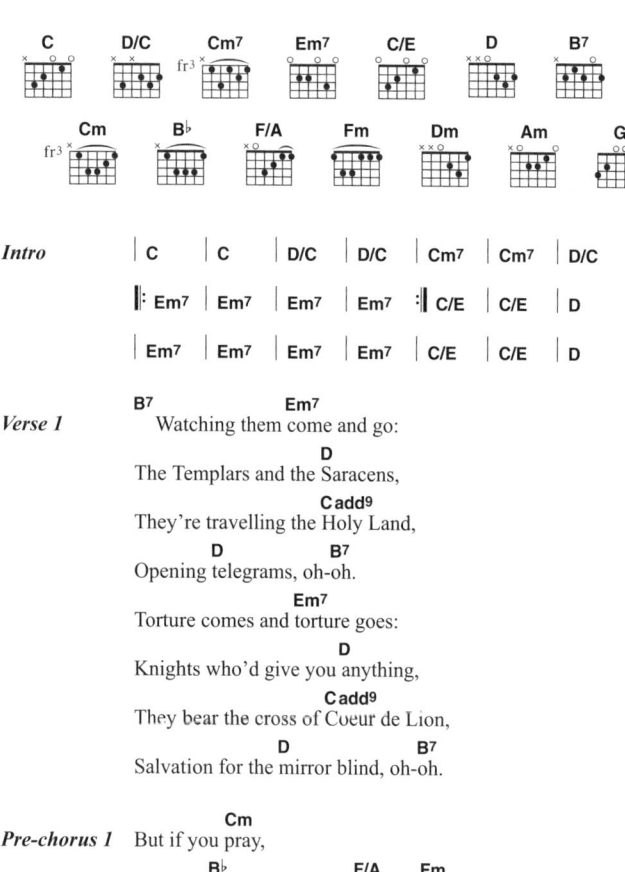

Intro | C | C | D/C | D/C | Cm7 | Cm7 | D/C | D/C |

‖: Em7 | Em7 | Em7 | Em7 :‖ C/E | C/E | D | B7 |

| Em7 | Em7 | Em7 | Em7 | C/E | C/E | D ‖

Verse 1
        B7   **Em7**
Watching them come and go:
            D
The Templars and the Saracens,
           Cadd9
They're travelling the Holy Land,
D   **B7**
Opening telegrams, oh-oh.
         Em7
Torture comes and torture goes:
        D
Knights who'd give you anything,
         Cadd9
They bear the cross of Cœur de Lion,
D   **B7**
Salvation for the mirror blind, oh-oh.

Pre-chorus 1
    Cm
But if you pray,
B♭   **F/A**   **Fm**
All your sins are hooked upon the sky.
Dm   **Am**   **Fm**   **G**
Pray and the heathen lie will disap - pear.

© Copyright 1984 Jones Music America.
RZO Music Ltd.
All Rights Reserved. International Copyright Secured.

	C D/C
Chorus 1	Prayers they hide the saddest view,
	Cm7 D/C
	(Believing the strangest things, loving the alien.)
	C D/C
	And your prayers they break the sky in two
	Cm7 D/C
	(Believing the strangest things, loving the alien.)

Link 1 ‖: Em7 | Em7 | Em7 | Em7 :‖ C/E | C/E | D ‖

    B7   Em7
Verse 2 Thinking of a different time,
      D
Palestine a modern problem;
      Cadd9
Bounty and your wealth in land,
    D   B7
Terror in a best laid plan, oh-oh.
      Em7
Watching them come and go:
      D
Tomorrows and the yesterdays,
      Cadd9
Christians and the unbelievers,
    D   B7
Hanging by the cross and nail, oh-oh.

      Cm
Pre-chorus 2 But if you pray,
   B♭   F/A Fm
All your sins are hooked upon the sky.
Dm   Am   Fm   G
Pray and the heathen lie will disap - pear,   oh

    C   D/C
Chorus 2 Prayers they hide the saddest view,
        Cm7   D/C
(Believing the strangest things, loving the alien.)
    C   D/C
And your prayers will break the sky in two
        Cm7   D/C
(Believing the strangest things, loving the alien.)

Chorus 3   C   D/C
You'll pray to the break of dawn,
                Cm7   D/C
(Believing the strangest things, loving the alien.)
               C   D/C
And your belief you're loving the alien,
                Cm7   D/C
(Believing the strangest things, loving the alien.)

Coda | C | C | D/C | D/C | Cm7 |
                                                            (Believing the strangest things,

| Cm7 | D/C | D/C ||
  loving the alien.)

||: Em7 | Em7 | Em7 | Em7 :|| C/E | C/E | D | B7 |

||: Em7 | Em7 | D | D | C | C | D | B7 :||
                                                          Play 6 times
| Em7 ||

New Killer Star

Words & Music by David Bowie

A	F	D	E♭ fr³	B♭ fr⁶	Cm fr³	D♭

Intro ‖: A | A | F | F |
         | D | D | F | F :‖

Verse 1
    A   F
See the great white scar over Battery Park
    D   F
Then a flare glides over, but I won't look at that scar.
    A   F
Oh, my nuclear baby, oh, my idiot trance,
    D   F
All my idiot questions, let's face the music and dance.

Pre-chorus 1
   (F)   A
Don't ever say I'm ready, I'm ready, I'm ready.
                 F
I never said I'm better, I'm better, I'm better.
                 D
Don't ever say I'm ready, I'm ready, I'm ready.
                 F   (E♭)
I never said I'm better, I'm better, I'm better, I'm better than you.

© Copyright 2003 Nipple Music/RZO Music Ltd.
All Rights Reserved. International Copyright Secured.

Chorus 1

  E♭   **B♭**   **F**
  All the corners of the build - ings,
Cm   **B♭**   **E♭**
  Who but we remember these?
F   **E♭**
  The sidewalks and trees,
F
  I'm thinking now.
E♭   **D♭**   **E♭**
  (I got a better way) I discovered a star.
       D♭ **E♭**
(I got a better way) Ready, set, go.
       D♭   **E♭**
(I got a better way) A new killer star.
       D♭ **E♭**
(I got a better way) Ready, set, go.
       D♭   **E♭**
(I got a better way) Stardust in your eyes.
       D♭ **E♭**
(I got a better way) Ready, set, go.
       D♭   **E♭**
(I got a better way) I discovered a star.
       D♭ **(A)**
(I got a better way) Ready, set, go.

Link | **A** | **A** | **F** | **F** |

    | **D** | **D** | **F** | **F** ‖

Verse 2

A   **F**
  See my life in a comic like the way they did the Bible
D   **F**
  With the bubbles and action, the little details in colour.
A   **F**
  First a horseback bomber, just a small thin chance,
D   **F**
  Like seeing Jesus on Dateline, let's face the music and dance.

Pre-chorus 2 As Pre-chorus 1

Chorus 2
    E♭   B♭   F
All the corners of the build - ings,
Cm   B♭   E♭
Who but we remember these?
F   E♭
The sidewalks and trees,
F
I'm thinking now.
E♭   D♭   E♭
(I got a better way) I discovered a star.
                     D♭   E♭
(I got a better way) Ready, set, go.
                     D♭   E♭
(I got a better way)   A new killer star.
                     D♭   E♭
(I got a better way) Ready, set, go.
                     D♭   E♭
(I got a better way) Stardust in your eyes.
                     D♭   E♭
(I got a better way) Ready, set, go.
                     D♭   E♭
(I got a better way) I discovered a star.
                     D♭   E♭
(I got a better way) Ready, set, go.
                     D♭
(I got a better way)
E♭   D♭   E♭
(I got a better way) Ready, set, go.
                     D♭
(I got a better way)
E♭   D♭   E♭
(I got a better way) Ready, set, go
                    D♭   E♭
(I got a better way)   Ooh, ooh.
                    D♭   E♭
(I got a better way) Ready, set, go.   *To fade*

Maid Of Bond Street

Words & Music by David Bowie

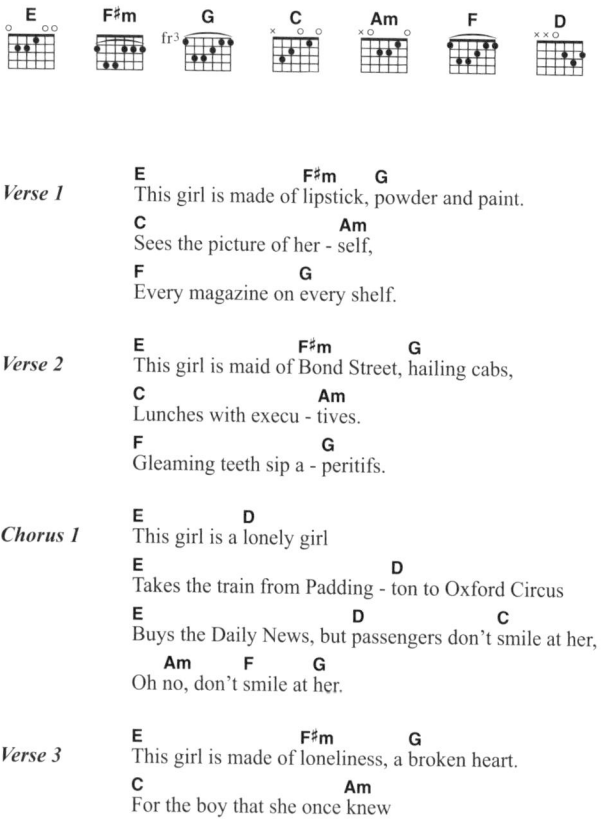

Verse 1
   E   F#m G
This girl is made of lipstick, powder and paint.
C   Am
Sees the picture of her - self,
F   G
Every magazine on every shelf.

Verse 2
   E   F#m G
This girl is maid of Bond Street, hailing cabs,
C   Am
Lunches with execu - tives.
F   G
Gleaming teeth sip a - peritifs.

Chorus 1
   E   D
This girl is a lonely girl
E   D
Takes the train from Padding - ton to Oxford Circus
E   D   C
Buys the Daily News, but passengers don't smile at her,
  Am F   G
Oh no, don't smile at her.

Verse 3
   E   F#m G
This girl is made of loneliness, a broken heart.
C   Am
For the boy that she once knew
F   G
Doesn't want to know her any more.

© Copyright 1967 The Sparta Florida Music Group Limited.
All Rights Reserved. International Copyright Secured.

Chorus 2

    E   **D**
And this girl is a lonely girl,
E   **D**
Everything she wants is hers, but she can't make it
E   **D**   **C**
With the boy she really wants to be with all the time,
 Am **F**   **G**
To love, all the time.

Verse 4

E   **F#m** **G**
This boy is made of envy, jealousy.
  C   **Am**
He doesn't have a limou - sine,
F   **G**
Really wants to be a star himself.

Outro

E   **D G**   **A**   **D**   **G**
This girl,__ her world is made of flashlights and films,
C   **A**   **D**   **G**
Her cares are scraps on the cutting room floor.
          C   **F**   **D**
And maids of Bond Street drive round in chauffered cars.
G   **C**   **F**   **D**
Maids of Bond Street picture clothes, eyes of stars.
G   **C**   **F**   **D**
Maids of Bond Street shouldn't have worldly cares.
N.C.   **F**   **G**   **C F C G**
Maids of Bond Street shouldn't have love affairs.

The Man Who Sold The World

Words & Music by David Bowie

Chords: A, Dm, F, C, B♭m/D♭

| Intro | | A | A | Dm | Dm | F | F | Dm | ||

Verse 1

    N.C.   **A**   **Dm**
We passed upon the stair, we spoke of was and when.
                      A   **F**
Although I wasn't there, he said I was his friend
                         C   **A**
Which came as some surprise, I spoke into his eyes:
                Dm   **C**
"I thought you died alone, a long, long time ago."

Chorus 1

      C   **F**   **B♭m/D♭**   **F**
"Oh no, not me, I never lost control.
      C   **F**
You're face to face
    B♭m/D♭
With the man who sold the world."

| Link 1 | | A | A | Dm | Dm | F | F | Dm | ||

Verse 2

                              A   **Dm**
I laughed and shook his hand, and made my way back home.
                   A   **F**
I searched for form and land, for years and years I roamed.
            C   **A**
I gazed a gazely stare at all the millions here,
              Dm   **C**
We must have died alone, a long, long time ago.

© Copyright 1971 Tintoretto Music/RZO Music Ltd (37.5%)/
EMI Music Publishing Limited (37.5%)/
Chrysalis Music Limited (25%).
All Rights Reserved. International Copyright Secured.

	C F B♭m/D♭ F
Chorus 2	"Who knows? Not me, we never lost control.

                C   F
You're face to face
            B♭m/D♭
With the man who sold the world."

Link 2 | A | A | Dm | Dm | F | F | Dm | Dm |

Chorus 3
                C   F   B♭m/D♭   F
"Who knows? Not me, we never lost control.
                C   F
You're face to face
            B♭m/D♭
With the man who sold the world."

Coda   ‖: A | A | Dm | Dm | F | F | Dm | Dm :‖

Repeat to fade

Modern Love

Words & Music by David Bowie

Em C Dsus⁴ G Am⁷ E⁷ F D Em⁷

Intro   **Em**   **C**
(Spoken) I know when to go out   and when to stay in,
          Dsus⁴   **Em**
          Get things done.

Verse 1

     C
    I catch the paperboy
                    G
But things don't really change:
               Am⁷
I'm standing in the wind
                  E⁷
But I never wave bye-bye.
F   **C**   **G**   **Em⁷**
  But I try, I try.

Verse 2

     C
    There's no sign of life,
                G
It's just the power to charm.
           Am⁷
I'm lying in the rain
                  E⁷
But I never wave bye-bye.
F   **C**   **G**   **Em⁷**
  But I try, I try.   Never gonna fall for:

Chorus 1

C
Modern love - walks beside me,
D
Modern love - walks on by,
Em⁷   **F**
Modern love - gets me to the church on time.

© Copyright 1983 Jones Music America.
RZO Music Ltd.
All Rights Reserved. International Copyright Secured.

cont.

C
Church on time - terrifies me,

D
Church on time - makes me party,

Em7   F
 Church on time - puts my trust in God and man.

C
God and man - no confessions,

D
God and man - no religion,

Em7   F
God and man - I don't believe in modern love.

Link

| Em | Em | C | C |
| Dsus4 | Dsus4 | Em | Em |

Sax solo

| C | C | G | G |
| Am7 | Am7 | E7 | E7 | F | F |
| C | C | G | G | Em7 | Em7 ‖

Verse 3

C
 It's not really work,

        G
It's just the power to charm:

            Am7
Still standing in the wind

          E7
But I never wave bye-bye.

F   C   G   Em7
 But I try, I try.   Never gonna fall for:

Chorus 2   As Chorus 1

Chorus 3   As Chorus 1

Coda

     C   D
‖: Modern love, modern love,

     Em7   F
Modern love, modern love.   :‖ *Play 3 times*

     C   D
‖: Modern love walks beside me,___

Em7   F
 Modern love walks on by.   :‖ *Repeat to fade*

Moonage Daydream

Words & Music by David Bowie

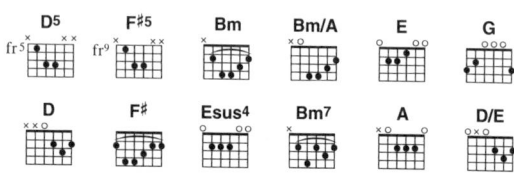

Verse 1
       D5 N.C.   **F#5** N.C.   **Bm**
I'm an alligator,   I'm a mama papa comin' for you.
  Bm/A   **E**   **G**
I'm the space invader, I'll be a rock 'n' rollin' bitch for you.
                       D   **F#**
Keep your mouth shut, you're squawking like a pink monkey bird
                                     Bm   **Bm/A** **E**
And I'm busting up my brains for the words.

Chorus 1
  G   **Bm**   **E**   **Esus4** **E**
Keep your electric eye on me babe,
  G   **Bm**   **E**   **Esus4** **E**
Put your ray-gun to my__ head.
  G   **Bm**   **E**   **Esus4** **E**
Press your space face close to mine, love.
D   **E**
Freak out in a moonage daydream, oh yeah!

Verse 2
    D5 N.C.   **F#5** N.C.   **Bm**
Don't fake it baby, lay the real thing on me.
  Bm/A   **E**   **G**
The church of Man, love, is such a holy place to be.
               D   **F#**
Make me baby, make me know you really care,
                        Bm **Bm/A** **E**
Make me jump into the air.

Chorus 2   As Chorus 1

Instrumental ‖: **Bm7** | **A** | **G** | **F#**   :‖

© Copyright 1972 Tintoretto Music/RZO Music Ltd (37.5%)/
EMI Music Publishing Limited (37.5%)/
Chrysalis Music Limited (25%).
All Rights Reserved. International Copyright Secured.

Chorus 3
```
     G           Bm         E         D/E  E
     Keep your electric eye on  me babe,
     G         Bm        E         D/E  E
     Put your ray-gun to my__ head.
     G          Bm          E         D/E  E
     Press your space face close to mine, love.
     D                                E
     Freak out in a moonage daydream, oh!
```

Chorus 4
```
     G           Bm        E         D/E  E
     Keep your electric eye  on me babe,
     G         Bm        E         D/E  E
     Put your ray-gun to my__ head.
     G          Bm          E         D/E  E
     Press your space face close to mine, love.
     D                                E
     Freak out in a moonage daydream, oh  yeah!
```

Coda
```
     Bm7        A       G       F♯
     Freak out, far out, in out.
```

‖: Bm | A | G | F♯   :‖   *Repeat to fade*

Never Let Me Down

Words & Music by David Bowie & Carlos Alomar

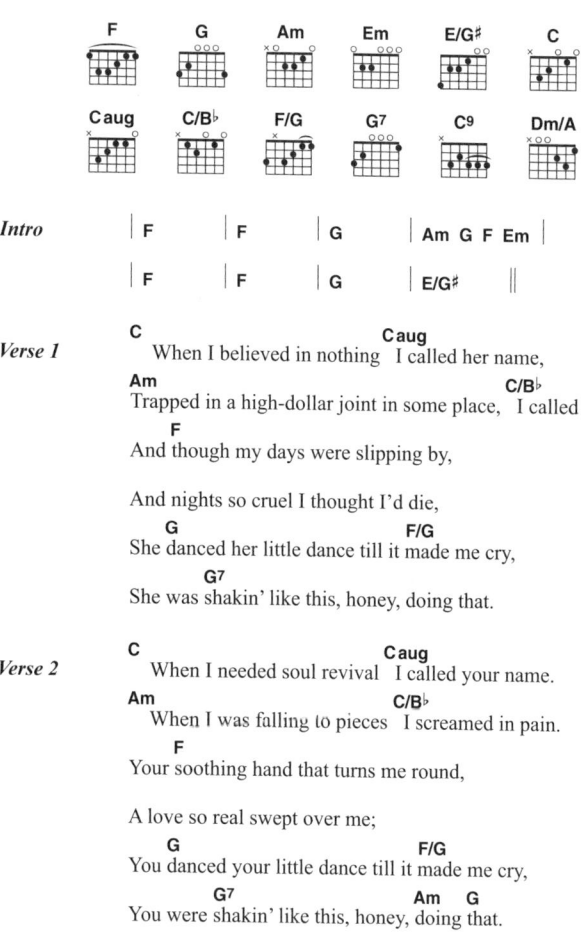

Intro

| F | F | G | Am G F Em |

| F | F | G | E/G♯ ||

Verse 1

     C   **Caug**
When I believed in nothing I called her name,
Am   **C/B♭**
Trapped in a high-dollar joint in some place, I called her name.
  F
And though my days were slipping by,

And nights so cruel I thought I'd die,
      G   **F/G**
She danced her little dance till it made me cry,
       G7
She was shakin' like this, honey, doing that.

Verse 2

     C   **Caug**
When I needed soul revival I called your name.
Am   **C/B♭**
When I was falling to pieces I screamed in pain.
    F
Your soothing hand that turns me round,

A love so real swept over me;
      G   **F/G**
You danced your little dance till it made me cry,
      G7   **Am G**
You were shakin' like this, honey, doing that.

© Copyright 1987 Jones Music America/RZO Music Ltd (75%)/
Universal/MCA Music Limited (25%).
All rights in Germany administered by Universal/MCA Music Publ. GmbH.
All Rights Reserved. International Copyright Secured.

	F Em C9 Am
Chorus 1	Never let me down, she never let me down.

| Dm/A   Am | Am | Dm/A   Am |

| Em   C9   Am |
| Never let me down, she never let me down. |

| Dm/A   Am | Am | Dm/A   Am ‖

Harmonica solo
| C | C | Caug | Caug |
| Am | Am | C/B♭ | C/B♭ ‖

Verse 3
  C   Caug
  When all your faith is failing call my name,
Am   C/B♭
  When you've nothing coming call my name.
      F
I'll be strong for all it takes,

I'll cover your head till the bad stuff breaks;
  G   F/G
Dance my little dance till it makes you smile,
G7   Am   G
Shaking like this, honey, doing that.

Chorus 2
         F   Em   C9   Am
Never let you down, I'll never let you down.

| Dm/A   Am | Am | Dm/A   Am | Am |

                  C9   Am
I'll never let you down, I'll never let you down.

| Dm/A   Am | Am | Dm/A   Am ‖

Coda
‖: C9 | C9 | C9 | C9 |
| Am | Dm/A   Am | Am | Dm/A   Am :‖
                                    Repeat to fade

Nite Flights

Words & Music by Scott Engel

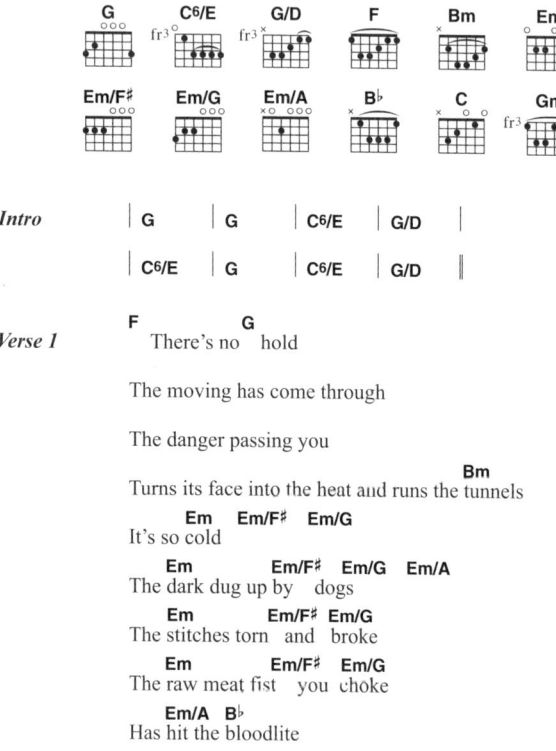

Intro | G | G | C6/E | G/D |
| C6/E | G | C6/E | G/D ||

Verse 1
      F   G
  There's no hold

The moving has come through

The danger passing you

                                    Bm
Turns its face into the heat and runs the tunnels

    Em Em/F# Em/G
It's so cold

    Em   Em/F# Em/G Em/A
The dark dug up by   dogs

    Em   Em/F# Em/G
The stitches torn   and broke

    Em   Em/F# Em/G
The raw meat fist   you choke

    Em/A B♭
Has hit the bloodlite

	C Bb
Chorus 1	Glass traps open and close on nite flights
	C Gm
	Broken necks featherweights press the walls
	C Bb
	Be my love, we will be gods on nite flights
	C Gm
	With only one promise, only one way to fall

Instrumental ‖: C | Bb | C | Gm   :‖

Chorus 2
   C   Bb
    Glass traps open and close on nite flights
   C
    Broken necks feather weights press the walls
   C   Bb
    Be my love, we will be gods on nite flights
     C   Gm
  With only one promise, only one way to fall

Link
      C   Bb   C
‖: On nite flights, on nite flights, on nite flites
          Gm
Only one way to fall :‖

Coda ‖: C | Bb | C | Gm   :‖ *Repeat to fade*

Please Mr. Gravedigger

Words & Music by David Bowie

No chords in this song

FX: Church bells, thunder, birdsong, footsteps on gravel etc.

Verse 1   There's a little churchyard just along the way,

    It used to be Lambeth's finest array

    Of tombstones, epitaphs, wreaths, flowers, all that jazz,

    'Til the war came along and someone dropped a bomb on the lot.

Verse 2   And in this little yard, there's a little old man,

    With a little shovel in his little bitty hand,

    He seems to spend all his days puffing fags and digging graves.

    He hates the reverend vicar and he lives all alone in his home.

Ah-choo, 'scuse me.

Chorus   Please Mr. Gravedigger, don't feel ashamed,

    As you dig little holes for the dead and the maimed.

    Please Mr. Gravedigger, I couldn't care

    If you found a golden locket full of some girl's hair

    And you put it in your pocket.

God, it's pouring down.

Verse 3   Her mother doesn't know about your sentimental joy,

She thinks it's down below with the rest of her toys.

And Ma wouldn't understand, so I won't tell,

So keep your golden locket all safely hid away in your pocket.

Verse 4   Yes, Mr. G.D., you see me every day,

Standing in the same spot by a certain grave.

Mary-Ann was only ten, and full of life and oh so gay,

And I was the wicked man who took her life away.

Very selfish, oh God.

Verse 5   No, Mr. G.D., you won't tell

And just to make sure that you keep it to yourself,

I've started digging holes my friend,

And this one here's for you.

Outro   *Flippin' hard graft; who's paying me, that's what I want to know.*

Hello missus, thought she'd be a little girl.

Bloody obscene, catch pneumonia or something in this rain.

Oh! You Pretty Things

Words & Music by David Bowie

Capo first fret

Intro | E F♯ | E D C B | E F♯ | E D |
                     | C F/C C F/C | C F/C C F/C ||

Verse 1
           F   Csus4
            Wake up you sleepy head,
Dsus4   Dm
Put on some clothes, shake up your bed;
F   C
Put another log on the fire for me,
   G   D
I've made some breakfast and coffee.
F   C
Look out my window what do I see?
    A/C♯   Dm   E♭/F   B♭/D
A crack in the sky and a hand reaching down to me.
      G/B   C
All the nightmares came today
   C7   F
And it looks as though they're here to stay.

© Copyright 1971 Tintoretto Music/RZO Music Ltd (37.5%)/
EMI Music Publishing Limited (37.5%)/
Chrysalis Music Limited (25%).
All Rights Reserved. International Copyright Secured.

Link 1 | Bdim C C♯dim D | A/E   Esus4 E ||

Verse 2
F   **Csus4**
  What are we coming to?
Dsus4   **Dm**
No room for me, no fun for you.
F   **C**
  I think about a world to come
       G   **D**
Where the books were found by the Golden ones.
F   **C**
Written in pain, written in awe
       A/C♯   **Dm**   **E♭/F**   **B♭/D**
By a puzzled man who questioned what we were here for.
     G/B   **C**   **C7**
All the strangers came today
                                F
And it looks as though they're here to stay.

Chorus 1
F   **C/E**   **Dm7**
Oh you pretty things
          Dm7/C
Don't you know you're driving your
B♭7   **F**
Mamas and papas insane?
F   **C/E**   **Dm7**
Oh you pretty things
          Dm7/C
Don't you know you're driving your
B♭7   **F**
Mamas and papas insane?
       G7
Let me make it plain:
C   **B♭7**   **F**
Gotta make way for the Homo Superior.

Verse 3
              Csus4   **C**
Look out at your   children,
Dsus4   **Dm**
  See their faces in golden rays.
F   **C**
  Don't kid yourself they belong to you,
G   **D**
  They're the start of the coming race.

147

cont.

    F
The earth is a bitch
       C
We've finished our news,
A/C♯   **Dm**   **E♭/F**   **B♭/D**
Homo Sapiens have outgrown their use.
  G/B   **C**   **C7**
All the strangers came today
                   F
And it looks as though they're here to stay.

Chorus 2

F   **C/E**   **Dm7**
Oh you pretty things
       Dm7/C
Don't you know you're driving your
B♭7   **F**
Mamas and papas insane?
F   **C/E**   **Dm7**
Oh you pretty things
       Dm7/C
Don't you know you're driving your
B♭7   **F**
Mamas and papas insane?
  G7
Let me make it plain:
C   **B♭7**   **F**
Gotta make way for the Homo Superior.

Coda | E F♯ | E D C B | E F♯ | E D |

          | C F/C C F/C | C F/C C F/C | B C♯ | E Bsus4 B |

Queen Bitch

Words & Music by David Bowie

C G F E A B D

Intro |C G F |C G F |C G F |C G F |
                                                                  Oh yeah.

        |C G F |C G F |C G F |C G F ||

Verse 1
     C
I'm up on the eleventh floor
    F   C G F C G F
And I'm watching the cruisers below:
   C
He's down on the street
          F   C G F C
And he's trying hard to pull sister Flo.
G   F   C
  Oh, my heart's in the basement,
   F   C   G F C
My weekend's at an all-time low.
G   F   C
 'Cause she's hoping to score,
  F
So I can't see her letting him go.
C   E   A
  Walk out of her heart, walk out of her mind… oh not her.

Chorus 1
      B   D
She's so swishy in her satin and tat,
    B   D
In her frock coat and bipperty-bopperty hat,
     B
Oh God, I could do better than (that.)

Link 1 |C G F |C G F |C G F |C G F ||
         that.   Oh yeah.

Verse 2
      C
      She's an old-time ambassador
    F   C   G F C
    Of sweet talking, night-walking games,
    G F C
      And she's known in the darkest clubs
    F   C   G F C
    For pushing ahead of the dames.
    G F C
      If she says she can do it
       F   C   G F C
    Then she can do it, she don't make false claims.
    G F   C
      But she's a Queen, and such are queens
      F   E
    That your laughter is sucked in their brains.

Bridge 1
           F
    Now she's leading him on
               C
    And she'll lay him right down.
           F
    Yes she's leading him on
               E
    And she'll lay him right down.
          F
    But it could have been me,
         C
    Yes, it could have been me.
       E   A
    Why didn't I say, why didn't I say, no, no, no…

Chorus 2
      B   D
    She's so swishy in her satin and tat,
      B   D
    In her frock coat and bipperty-bopperty hat,
      B
    Oh God, I could do better than (that.)

Link 2 | C G F | C G F | C G F | C G F ||
            that.   Oh yeah.

Verse 3

       C
So I lay down a while
    F   C G F C
And I gaze at my hotel wall.
G   F   C
  Oh   the cot is so cold
F   C G F C
It don't feel like no bed at all.
G   F   C
  Yeah I lay down a while
F   C G F C
Look at my hotel wall,
G   F   C
  But he's down on the street
F   E
So I throw both his bags down the hall.

Bridge 2

             F
And I'm phoning a cab
                 C
'Cause my stomach feels small,
           F
There's a taste in my mouth
            E
And it's no taste at all.
       F
It could have been me,
                  C
Oh yeah, it could have been me.
    E   A
Why didn't I say, why didn't I say, no, no, no…

Chorus 3

     B   D
She's so swishy in her satin and tat,
     B   D
In her frock coat and bipperty-bopperty hat,
     B
Oh God, I could do better than (that.)

Coda

| C G F | C G F | C G F | C   G F |
that._____   You betcha,

| C G F | C G F | C G F | C ||
  oh yeah,   uh-huh.

Quicksand

Words & Music by David Bowie

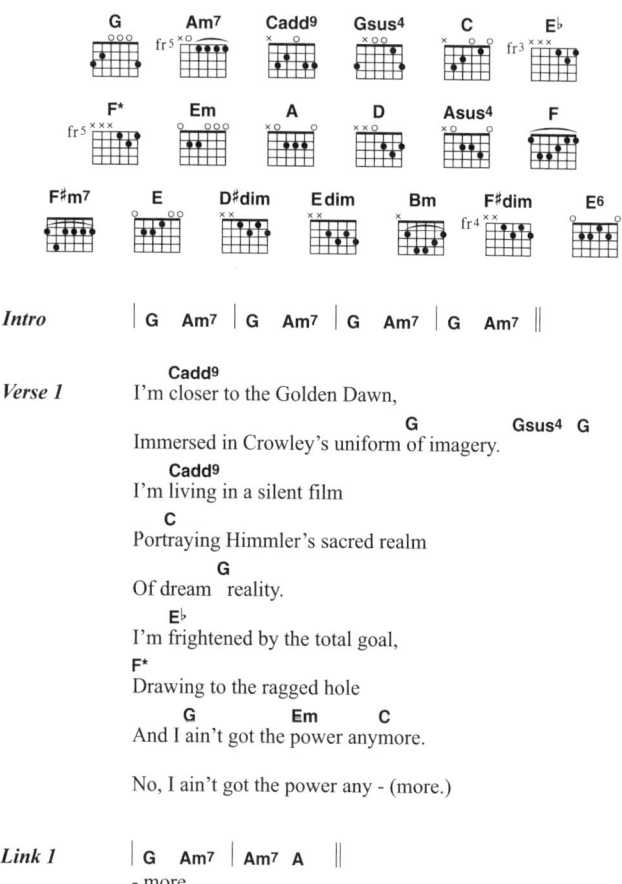

Intro | G Am7 | G Am7 | G Am7 | G Am7 ||

Verse 1
          Cadd9
I'm closer to the Golden Dawn,
                            G   Gsus4 G
Immersed in Crowley's uniform of imagery.
          Cadd9
I'm living in a silent film
      C
Portraying Himmler's sacred realm
         G
Of dream   reality.
     Eb
I'm frightened by the total goal,
F*
Drawing to the ragged hole
        G   Em   C
And I ain't got the power anymore.

No, I ain't got the power any - (more.)

Link 1 | G Am7 | Am7 A ||
- more.

© Copyright 1971 Tintoretto Music/RZO Music Ltd (37.5%)/
EMI Music Publishing Limited (37.5%)/
Chrysalis Music Limited (25%).
All Rights Reserved. International Copyright Secured.

Verse 2
      D
I'm the twisted name on Garbo's eyes,
                               A   **Asus4** **A**
Living proof of Churchill's lies, I'm destiny.
   D
I'm torn between the light and dark

Where others see their targets,
    A   **Asus4** **A**
Divine symmetry.
F
Should I kiss the viper's fang
  G
Or herald loud the death of Man?
  A   **F#m7**   **Em**   **D**
I'm sinking in the quicksand of my thought

And I ain't got the power any - (more.)

Link 2
| **A** **Asus4** | **A** **Asus4** ||
- more.

Chorus 1
A   **E**   **F**   **F#m7**
  Don't believe in yourself,
      D#dim   **E**
Don't deceive with belief,
         Edim   **Bm**
Knowledge comes with death's release.
  F#dim **A**   **F#m7** **E6** **E**
Ah,_____ ah, ah._____

Verse 3
   D
I'm not a prophet or a stone age man,

Just a mortal with potential of a superman
  A   **Asus4** **A**
I'm living on.
  D
I'm tethered to the logic of Homo Sapien,

Can't take my eyes from the great salvation
   A   **Asus4** **A**
Of bullshit faith.

cont.
          F
If I don't explain what you ought to know
          G
You can tell me all about it

On the next Bardo.
     A   F♯m7   Em   D
I'm sinking in the quicksand of my thought

And I ain't got the power any - (more.)

Link 3
| A Asus4 | A Asus4 ||
- more.

Chorus 2
  A   E   F   F♯m7
   Don't believe in yourself,
    D♯dim   E
Don't deceive with belief,
        Edim   Bm
Knowledge comes with death's release.
  F♯dim A   F♯m7 E6 E
Ah,_____ ah, ah._____

Chorus 3
  A   E   F   F♯m7
   Don't believe in yourself,
    D♯dim   E
Don't deceive with belief,
        Edim   Bm
Knowledge comes with death's release.
  F♯dim A   F♯m/ E6 E
Ah,_____ ah, ah._____

Coda
| A E | F♯m7 D♯dim | E Edim | Bm F♯dim |
| A F♯m7 | E6 E ||

Rebel Rebel

Words & Music by David Bowie

Chords: D5, E, A, D, Bm

Intro

```
riff
‖: D5  E    D    C#   E | E   E    C#   B    G#   E  :‖
    0fr  3fr  2fr        0fr  2fr  0fr  1fr  2fr
    ①   ②   ②        ⑥   ②   ②   ③   ④
```

riff
‖: Doo doo doo, doo doo doo doo doo. :‖   *Play 3 times*

Verse 1

riff
You've got your mother in a whirl,

She's not sure if you're a boy or a girl.
riff
Hey babe, your hair's all right,

Hey babe, let's go out tonight.
riff
You like me, and I like it all,

We like dancing and we look divine.
riff
You love bands when they play it hard,

You want more and you want it fast.

Pre-chorus 1

    A   D
They put you down, they say I'm wrong.
Bm   E
You tacky thing, you put them on.

Chorus 1

riff
Rebel, Rebel, you've torn your dress.

Rebel, Rebel, your face is a mess.
riff(once)
Rebel, Rebel, how could they know?

D   E
Hot tramp, I love you so!

© Copyright 1974 Jones Music America/RZO Music Ltd (37.5%)/
EMI Music Publishing Limited (37.5%)/
Chrysalis Music Limited (25%).
All Rights Reserved. International Copyright Secured.

Link 1	**riff**
	riff Doo doo doo, doo doo doo doo doo.
Verse 2	**riff** You've got your mother in a whirl,
	She's not sure if you're a boy or a girl. **riff** Hey babe, your hair's all right,
	Hey babe, let's stay out tonight. **riff** You like me, and I like it all,
	We like dancing and we look divine. **riff** You love bands when they're playing hard,
	You want more and you want it fast.

Pre-chorus 2	**A** **D**
	    They put you down, they say I'm wrong.
	Bm **E**
	    You tacky thing, you put them on.

Chorus 2	As Chorus 1
Link 2	As Link 1
Chorus 3	As Chorus 1

Link 3   **riff**

              riff
Verse 3   You've torn your dress, your face is a mess.

You can't get enough, but enough ain't the test.
          riff
You've got your   transmission and your live wire,

You got your cue line and a handful of 'ludes,
    riff
You wanna   be there when they count up the dudes.

And I love your dress.
  riff
You're a juvenile success

Because your face is a mess.

  riff
Outro   So how could they know?

I said, how could they know?
     riff
So what you wanna know? Calamity's child,

Chil', chi-chil', where'd you wanna go?
  riff
What can I do for you? Looks like you've been there too

'Cause you've torn your dress
  riff
And your face is a mess,

Ooh, your face is a mess, ooh, ooh.
 riff
So how could they know?

How could they know?

| **riff** | **D** | ‖

Rock 'n' Roll Suicide

Words & Music by David Bowie

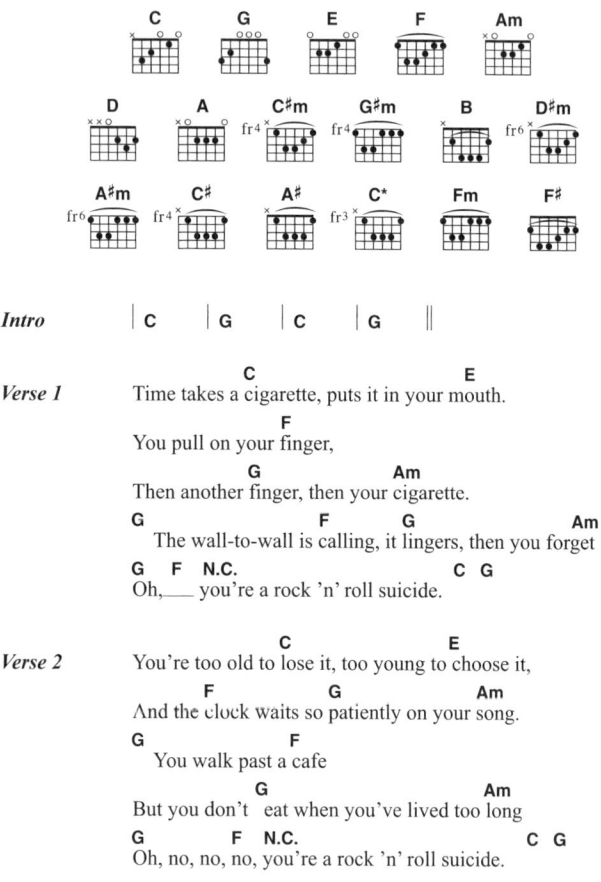

| Intro | | C | G | C | G | |

Verse 1
                          C   E
Time takes a cigarette, puts it in your mouth.
        F
You pull on your finger,
            G   Am
Then another finger, then your cigarette.
G   F   G   Am
  The wall-to-wall is calling, it lingers, then you forget
G F N.C.   C G
Oh,___ you're a rock 'n' roll suicide.

Verse 2
                           C   E
You're too old to lose it, too young to choose it,
       F   G   Am
And the clock waits so patiently on your song.
G   F
  You walk past a cafe
                G   Am
But you don't eat when you've lived too long
G   F   N.C.   C G
Oh, no, no, no, you're a rock 'n' roll suicide.

© Copyright 1972 Tintoretto Music/RZO Music Ltd (37.5%)/
EMI Music Publishing Limited (37.5%)/
Chrysalis Music Limited (25%).
All Rights Reserved. International Copyright Secured.

Bridge

              C   **E**
Chev brakes are snarling as you stumble across the road
F   **G**   **Am**
But the day breaks instead so you hurry home.
G   **F**   **G**
  Don't let the sun blast your shadow,
          E   **Am**
Dont let the milk-float ride your mind,
  F   **D**   **G**
They're so natural, religiously unkind.

Verse 3

N.C.   **C**
Oh no love! you're not alone,
                                A
You're watching yourself but you're too unfair;
             C
You got your head all tangled up
           A
But if I could only make you care.
  C#m   **G#m**
Oh no love! you're not alone,
     B   **D#m**
No matter what or who you've been,
  A#m   **C#**
No matter when or where you've seen;
  B   **D#m**
All the knives seem to lacerate your brain.
       A#m   **C#**
I've had my share, I'll help you with the pain.
N.C.   **A#** **B** **C***
You're not alone!

Coda

C#   **A#**   **B** **C***
  Just turn on with me and you're not alone,
C#   **A#**   **B** **C***
  Lets turn on and be not alone.
C#   **A#**   **B** **C***
  Gimme your hands cause you're wonderful,
C#   **A#**   **B** **C***
  Gimme your hands cause you're wonderful,
C#   **Fm**
  Oh gimme your hands!

| **C** **F#** | **C#** ||

The Secret Life Of Arabia

Words by David Bowie
Music by David Bowie, Brian Eno & Carlos Alomar

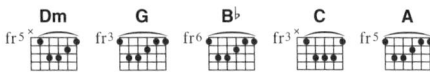

| *Intro* | | Dm | Dm | Dm | Dm ‖

Chorus 1
      G   Dm
The secret life of A - rabia,
B♭   G
Secret secrets never seen,
C   A
Secret secrets evergreen.

Link 1 | Dm | Dm ‖

Verse 1
Dm   G
I was running at the speed of life
                                   Dm
Through morning's thoughts and fantasies,

Then I saw your eyes at the cross fades.
B♭   G
Secret secrets never seen,
C   A
Secret secrets evergreen.

Link 2 | Dm | Dm | Dm | Dm ‖

Chorus 2
      G   Dm
The secret life of A - rabia,
    B♭   G
Never here, never seen,
    C   A
Secret life ever - green.

Link 3 | Dm | Dm | Dm | Dm ||

Verse 2
    G   Dm
The secret life of A - rabia,
     B♭   G
You must see the movie, the sand in my eyes
   C   A
I walk through a desert song when the heroine dies.

Link 4 | Dm | Dm ||

Bridge
    B♭   Dm
A - rabia. (Secret, secret)
    B♭   Dm
A - rabia. (Secret)
    B♭   Dm
A - rabia. (Secret, secret)
    B♭   Dm
A - rabia.
    B♭   Dm
A - rabia. (Secret, secret)
    B♭   Dm
A - rabia.
    B♭   Dm
A - rabia. (Secret, secret)
    B♭   Dm
A - rabia.
    B♭   Dm
A - rabia. (Secret, secret)

Link 5 | Dm | Dm | Dm | Dm ||

Chorus 3
    G   Dm
The secret life of A - rabia,
     B♭   G
Never here never seen,
     C   A   Dm
Secret life ever - green.   *To fade*

Seven

Words & Music by David Bowie & Reeves Gabrels

Capo first fret

Intro

| C | C | F | F | C |

| C | G | G | G | C G ||

Verse 1

C   G/B
I forgot what my father said,
Am Am/G F
 I forgot what he said;
C   G/B
 I forgot what my mother said
  Am Am/G F
As we lay upon your bed.
 A♭   Am
A city full of flowers,
 A♭   F
A city full of rain.

Chorus 1

   C   G/B
 I got seven days to live my life
  Am Am/G F
Or seven ways to die.

Link 1

| C | G | Am Am/G | F ||

Verse 2

C   G/B
I forgot what my brother said,
Am Am/G F
 I forgot what he said.
C   G/B
 I don't regret anything at all,
  Am Am/G F
I remember how we wept.

© Copyright 1999 Nipple Music/RZO Music Ltd (75%)/
My Half Music/Bug Music Limited (25%).
All Rights Reserved. International Copyright Secured.

cont.
      A♭   **Am**
On a bridge of violent people
      A♭   **F**
I was small enough to cry.

Chorus 2   As Chorus 1

Bridge
D   **G**
  Hold my face before you,
E   **Am**   **G**
  Still my trembling heart.

Chorus 3   As Chorus 1

Link 2 | C | C | F | F | C |

            | C | G | G | G | G   ‖

Verse 3
C   **G/B**
  The gods forgot they made me
Am **Am/G** **F**
So I forgot them too;
C   **G/D**
  I listen to the shadows,
Am **Am/G**   **F**
I play among their graves.
A♭   **Am**
  My heart was never broken,
  A♭   **F**
My patience never tried.

Chorus 4
        C   **G/B**
I got seven days to live my life
  Am **Am/G** **F**
Or seven ways to die.
C   **G/B**
Seven days to live my life
  Am **Am/G** **F**
Or seven ways to die.

Coda   ‖: **C** **F** **C**   **G** :‖ *Play 3 times*
        Seven, seven, seven.

Silly Boy Blue

Words & Music by David Bowie

Chords: Dmaj7, A, E, D, G, F#m, Em, Emaj7, B, F#

Verse 1

Dmaj7   A
Mountains of Lhasa are feeling the rain,
Dmaj7   A
People are walking the Botella lanes.
E   D
Preacher takes the school,
E   D
One boy breaks a rule:

Chorus 1

        A   G
Silly Boy Blue,_____ blue,_____ silly Boy Blue.

Link 1 | (A) | (A) ||

Verse 2

Dmaj7   A
Yak butter statues that melt in the sun
Dmaj7   A
Cannot dissolve all the work you've not done.
E   D
A chela likes to feel
        E   D
That his overself pays the bill.

Chorus 2

        A   Dmaj7 A   Dmaj7
Silly Boy Blue,_____ blue,_____
G
Silly Boy Blue.

Link 2 | (A) | (A) ||

© Copyright 1967 The Sparta Florida Music Group Limited.
All Rights Reserved. International Copyright Secured.

Bridge 1

    F#m   G
You wish and wish, and wish again,
       F#m   G
You've tried so hard to fly.

        Em   A
You'll never leave your body now,
       Em   G   A
You've got to wait to die.___

Link 3

| A | F#m ||

Bridge 2

Emaj7   B
La la la la la la, la la la la,
Emaj7   B
La la la la la la, la la la la,
F#   E   F#   E
La la la la la, la la la la la

Chorus 3

         B   Emaj7 B   Emaj7
Silly Boy Blue,_____ blue,_____
        A
Silly Boy Blue.

Link 4

| B | B ||

Verse 3

Emaj7   B
Child of Tibet, you're a gift from the sun,
Emaj7   B
Reincarnation of one better man.
  F#   E
The homeward road is long,
    F#   E
You've left your prayers and song.

Chorus 4

         B   Emaj7 B   Emaj7
Silly Boy Blue,_____ blue,_____
        B
Silly Boy Blue,
Emaj7   B   Emaj7   B   A B A B
  Silly Boy Blue, silly Boy Blue.___

To fade

Slow Burn

Words & Music by David Bowie

F Am Dm B♭ Gm

| *Intro* | ‖: F | F | Am | Am :‖ *Play 4 times* |

Verse 1
F   Am
Here shall we live in this terrible town,
F
Where the price for our eyes
                Am
Shall squeeze them tight like a fist
       F
And the walls shall have eyes,
        Am
And the doors shall have ears.

        F
But we'll dance in the dark
Am
And they'll play with our lives.

Chorus 1
     (Am) Dm
Like a slow burn,
             F
Leading us on and on and on.
     Dm
Like a slow burn,
                F
Turning us 'round and 'round and 'round.
B♭
Hark who are we?
           Gm
So small in times such as these.
    F   Am
Slow burn.
     F   Am
Slow burn.

© Copyright 2002 Nipple Music/RZO Music Ltd.
All Rights Reserved. International Copyright Secured.

Link ‖: F | F | Am | Am :‖

Verse 2
F
Oh, these are the days,
       Am
These are the strangest of all.
F
These are the nights,
       Am
These are the darkest to fall.
  F   Am
But who knows, echoes in tenement halls?
F   Am
Who knows? Though the years spare them all.

Chorus 2
(Am) Dm
Like a slow burn,
       F
Leading us on and on and on.
      Dm
Like a   slow burn,
      F
Twirling us 'round and 'round and upside down.
     B♭
There's fear overhead,
     Gm
There's fear overground.
  F   Am
Slow burn.
  F   Am
Slow   burn.

Chorus 3   **Dm**
Like a slow burn
        F
Leading us on and on and on.
   Dm
Like a slow burn,
        F
Turning us 'round and 'round and 'round
   B♭
And here are we
   Gm
At the centre of it all.
  F   **Am**
Slow burn.
  F   **Am**
Slow burn.
  F   **Am**
Slow burn.

Outro | **F** | **F** | **Am** | **Am**   ‖ *To fade*

Space Oddity

Words & Music by David Bowie

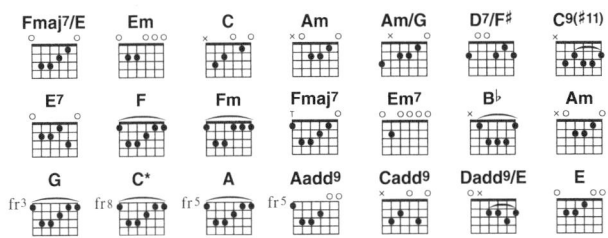

	fade in
Intro	‖: **Fmaj7/E** | **Em** :‖ *Play 4 times*

    C   **Em**
Ground Control to Major Tom,
    C   **Em**
Ground Control to Major Tom,
Am   **Am/G**   **D7/F#**
Take your protein pills and put your helmet on.
    C   **Em**
Ground Control to Major Tom,
    C   **Em**
Commencing countdown, engines on.
Am   **Am/G**   **D7/F#**
Check ignition and may God's love be with you.

Link	**(C9(#11))** *(rocket launch f/x)*

© Copyright 1969 Onward Music Limited.
All Rights Reserved. International Copyright Secured.

	C E7
Verse 1	This is Ground Control to Major Tom,

                         F
You've really made the grade.

               Fm   C   F
And the papers want to know whose shirts you wear.

           Fm   C   F
Now it's time to leave the capsule if you dare.

Verse 2   C   E7
"This is Major Tom to Ground Control,

                F
I'm stepping through the door.

       Fm   C   F
And I'm floating in a most peculiar way,

       Fm   C   F
And the stars look very different today."

Chorus 1   Fmaj7   Em7
"For here am I sitting in a tin can,

Fmaj7   Em7
Far above the world.

B♭   Am
Planet Earth is blue,

       G   F
And there's nothing I can do."

Link 2 | C* F G A | C* F G A ||

| Fmaj7 | Em7 | Aadd9 | Cadd9 | Dadd9/E | E ||

Verse 3

    C   **E7**
"Though I'm past one hundred thousand miles,
        F
I'm feeling very still.
   Fm   **C**   **F**
And I think my spaceship knows which way to go.
   Fm   **C**   **F**
Tell my wife I love her very much, she knows."

Verse 4

  G   **E7**
Ground Control to Major Tom,
   Am   **Am/G**
Your circuit's dead, there's something wrong.
    D7/F#
Can you hear me, Major Tom?
  C
Can you hear me, Major Tom?
  G
Can you hear me, Major Tom? Can you…

Chorus 2

Fmaj7   **Em7**
"Here am I floating round my tin can,
Fmaj7   **Em7**
Far above the Moon.
B♭   **Am**
Planet Earth is blue,
   G   **F**
And there's nothing I do."

Coda

| C* F G A | C* F G A ‖

To fade

| Fmaj7 | Em7 | Aadd9 | Cadd9 | Dadd9/E ‖: E :‖

Sorrow

Words & Music by Bob Feldman, Jerry Goldstein & Richard Gottehrer

G   C   D   F

Intro | (G) | (G) | (G) | (G) | G | G ||

Verse 1
                G
With your long blonde hair and your eyes of blue

The only thing I ever got from you was
C   G
Sorrow, sorrow.

Verse 2
        G
You acted funny trying to spend my money,

You're out there playing your high class games of
C   G
Sorrow, sorrow.

Verse 3
        G
You never do what you know you oughta,

Something tells me you're the Devil's daughter.
C   G
Sorrow, sorrow.
D C G
Ah, ah, ah

Sax solo | G | G | G | G |
          | C | C | G | G ||

© Copyright 1965 (Renewed 1993) Grand Canyon Music Incorporated, USA.
EMI United Partnership Limited.
All Rights Reserved. International Copyright Secured.

Verse 4

      G
I tried to find her 'cause I can't resist her,

I never knew just how much I missed her
C   **G**
Sorrow, sorrow.

Verse 5

          G
With your long blonde hair and your eyes of blue

The only thing I ever got from you was
C   **G**
Sorrow, sorrow.
D   **C**   **G**
Oh-oh-oh-oh, oh-oh-oh, oh-oh.

Coda

       F
With your long blonde hair
     G
I couldn't sleep last night,
      F
With your long blonde hair.

‖: F | F | F | F :‖ *Repeat to fade*

Sound And Vision

Words & Music by David Bowie

Chord diagrams: G, Am, D, C, Em

Intro
‖: G | G | Am | Am | D | D | G | G :‖
‖: G | G | Am | Am | G | G :‖
                        (Ah, ah,)
| C G | C G | G | G |
 C   G   C   G
Doo doo doo doo doo doo, doo doo doo doo doo doo (doo.)

| G | G | Am | D ‖
doo.

Verse 1
   Em   G
  Don't you wonder sometimes,
              Am
'Bout sound and vision?

Link
| D | D | G | G ‖

Verse 2
G
Blue, blue, electric blue,

That's the colour of my room
Am
Where I will live.
   G
Blue, blue.

Verse 3
G
Pale blinds drawn all day,
                            Am
Nothing to read, nothing to say.
   G
Blue, blue.

© Copyright 1977 Tintoretto Music/RZO Music Ltd (84%)/
EMI Music Publishing Limited (16%).
All Rights Reserved. International Copyright Secured.

	C G
Chorus	I will sit right down,
	C G
	Waiting for the gift of sound and vision,
	C G
	And I will sing,
	C G
	Waiting for the gift of sound and vision.

	Am
Verse 4	Drifting into my solitude,
	D Em
	Over my head.
	G
	Don't you wonder sometimes
	Am
	'Bout sound and vision?

Coda | D | D | G | G | G   ‖ *To fade*

Starman

Words & Music by David Bowie

Chord diagrams: Bb(#11)/A, Fmaj7, Gm, F, C, C7, Ab, Bb, A, G, Dm, Am, Bb*, Bbm, D7

Intro ‖: Bb(#11)/A | Bb(#11)/A | Fmaj7 | Fmaj7 :‖

Verse 1
Gm
Didn't know what time it was,

The lights were low-ow-ow.
F
I lean back on my radio-o-o,
C   **C7**
Some cat was laying down some rock'n'roll,
         F Ab Bb
"Lotta soul." he said.

Verse 2
Gm
Then the loud sound did seem to fa-a-ade
F
Came back like a slow voice on a wave of pha-a-ase
C   **C7**   **A G**
That weren't no D.J. that was hazy cosmic jive.

© Copyright 1972 Tintoretto Music/RZO Music Ltd (37.5%)/
EMI Music Publishing Limited (37.5%)/
Chrysalis Music Limited (25%).
All Rights Reserved. International Copyright Secured.

	F Dm

Chorus 1
                    F   Dm
There's a starman waiting in the sky
      Am   C
He'd like to come and meet us
       C7
But he thinks he'd blow our minds.
                F   Dm
There's a starman waiting in the sky
     Am   C
He's told us not to blow it
       C7
'Cause he knows it's all worthwhile,

He told me:
B♭*   **B♭m**   **F**   **D7**
  "Let the children lose it, let the children use it,
Gm   **C**
  Let all the children boogie."

Link 1 | B♭* | F | C | F | B♭* | F | C   ‖

Verse 3
Gm
   Well I had to phone someone so I picked on you-ou-ou,
F
  Hey that's far out! so you heard him too-oo-oo.
C   **C7**   **F** **A♭** **B♭**
  Switch on the TV we may pick him up on Channel 2.

Verse 4
        Gm
        Look out your window I can see his li-i-ight,
        F
        If we can sparkle he may land toni-i-ight,
        C   **C7**   **A G**
        Don't tell your papa or he'll get us locked up in fright.

Chorus 2   As Chorus 1

Chorus 3
        F   **Dm**
        Starman waiting in the sky
        Am   **C**
        He'd like to come and meet us
        C7
        But he thinks he'd blow our minds.
           F   **Dm**
        There's a starman waiting in the sky
        Am   **C**
        He's told us not to blow it
        C7
        'Cause he knows it's all worthwhile,

        He told me:
        B♭*   **B♭m**   **F**   **D7**
        "Let the children lose it, let the children use it,
        Gm   **C**
        Let all the children boogie."

Coda | **B♭*** | **F** | **C** | **F**   ‖

        ‖: **B♭***   **F**   **C**   **F**
        La la la la la, la la la la, la la la la, la la la, :‖ *(Repeat to fade)*

Station To Station

Words & Music by David Bowie

Chords: A5, F, G*, Cm, G, F#, D, Bm, A, G6, D/F#, F*, C, E, F#m

| Intro | ‖: A5 | A5 | A5 | A5 :‖ *Play 5 times* |
| | ‖: A5 | A5 | A5 | F G* G* :‖ *Play 10 times* |

Bridge 1
    (G)   Cm   G
The re - turn of the Thin White Duke,
F#   D
Throwing darts in lovers' eyes.

Verse 1
A5
Here are we one magical moment,
F   G*   A5   F G*
Such is the stuff from where dreams are woven.
A5
Bending sound,
               F   G*   A5 F G*
Dredging the ocean lost in my circle.
A5
Here am I,
           F   G*   A5   F G*
Flashing no colour, tall in this room overlooking the ocean.
A5
Here are we,
      F   G*   A5 F G*
One magical movement from Kether to Malkuth.
A5
There are you,
            F   G*   A5 F G*
Drive like a demon from station to station.

Bridge 2
    (G)   Cm   G
The re - turn of the Thin White Duke,
F#   D
Throwing darts in lovers' eyes.

© Copyright 1976 Tintoretto Music/RZO Music Ltd (63%)/
Chrysalis Music Limited (25%)/
EMI Music Publishing Limited (12%).
All Rights Reserved. International Copyright Secured.

cont.

      Cm   **G**
The re - turn of the Thin White Duke,
F♯   **D**
Throwing darts in lovers' eyes.
      Cm   **G**
The re - turn of the Thin White Duke,
F♯   **D**
Making sure white stains.

Verse 2
(Faster)

G
Once there were mountains on mountains
              Bm
And once there were sunbirds to soar with
   D   **A**   **G**
And once I could never be down.

Got to keep searching and searching
           Bm
And oh, what will I be believing
   D   **A**   **G**
And who will connect me with love?
D   **G**   **G⁶**   **G**   **G⁶**
Wonder who, wonder who, wonder when?
G   **D/F♯**   **F***   **C** **D** **E** **A** **E** **F♯m**
Have you sought fortune e - vasive and shy?
G   **D/F♯**   **F***   **C** **D** **E** **A** **E** **F♯m**
Drink to the men who pro - tect you and I.
G   **D/F♯**   **F***   **C** **D** **E** **A** **E** **F♯m** **G**
Drink, drink, drain your glass, raise your glass high.

Chorus 1

   A
It's not the side-effects of the cocaine,
   Bm   **G**
I'm thinking that it must be love.
   Bm   **C**
It's too late to be grateful,
   D   **G**
It's too late to be late again.
   Bm   **C**
It's too late to be hateful,
 G   **A**
The European cannon is here.

Chorus 2

   A
I must be only one in a million,
  Bm   **G**
I won't let the day pass with - out her.
   Bm   **C**
It's too late to be grateful,

cont.

        D   **G**
It's too late to be late again.
       Bm   **C**
It's too late to be hateful,
G   **A**
The European cannon is here.

Chorus 3

A
Should I believe that I've been stricken?
      Bm   **G**
Does my face show some kind of glow?
      Bm   **C**
It's too late to be grateful,
      D   **G**
It's too late to be late again.
      Bm   **C**
It's too late to be hateful,
      G   **A**
The European cannon is here, yes it's here.

Chorus 4

A   **Bm**   **G**
It's too late, it's too late,
Bm   **C**   **Bm**   **G**
  It's too late,   it's too late,
Bm   **C**
  It's too late,
    G   **A**
The European cannon is here.

Guitar solo

‖: A | Bm | G | Bm |

| C | D | G | Bm |

| C | G | A | A   :‖

Chorus 5   As Chorus 1

Chorus 6   As Chorus 2

Chorus 7   As Chorus 3

Chorus 8   As Chorus 4

Outro | A | Bm | G | Bm   ‖   *To fade*

Strangers When We Meet

Words & Music by David Bowie

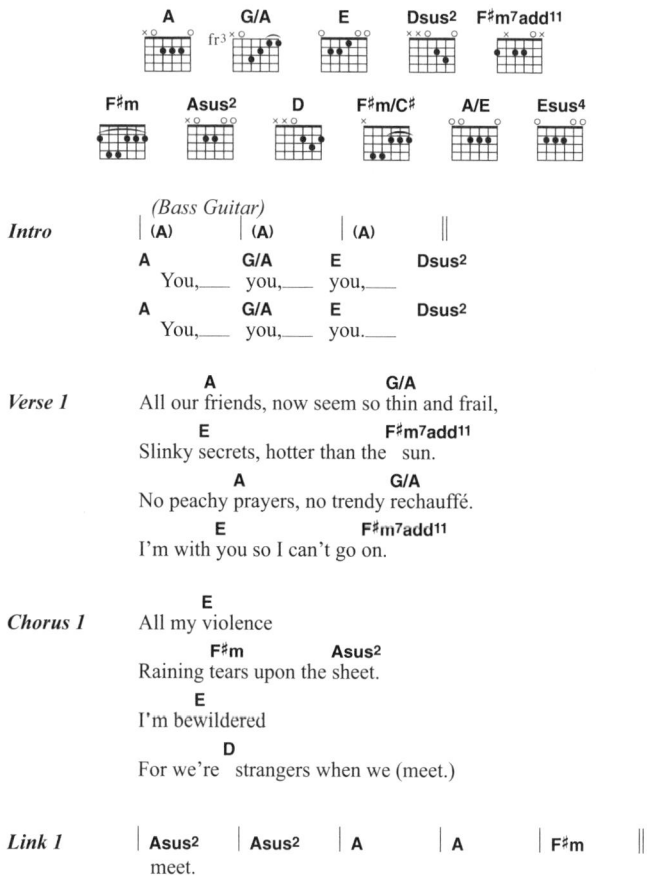

Intro
```
         (Bass Guitar)
       | (A)      | (A)      | (A)       ||
         A         G/A        E          Dsus2
         You,___   you,___    you,___
         A         G/A        E          Dsus2
         You,___   you,___    you.___
```

Verse 1
```
                A                   G/A
All our friends, now seem so thin and frail,
       E                    F#m7add11
Slinky secrets, hotter than the sun.
              A                G/A
No peachy prayers, no trendy rechauffé.
       E                F#m7add11
I'm with you so I can't go on.
```

Chorus 1
```
              E
All my violence
         F#m         Asus2
Raining tears upon the sheet.
        E
I'm bewildered
             D
For we're strangers when we (meet.)
```

Link 1
```
       | Asus2    | Asus2    | A        | A        | F#m      ||
         meet.
```

	Dsus2 **A** **G/A**
Verse 2	Blank screen TV, preening ourselves in the snow,

                E   **F#m7add11**
Forget my name but I'm o - ver you.

         A   **G/A**
Blended sunrise, and it's a dying world,

           E   **F#m7add11**
Humming Rheingold, we scavenge up   our clothes.

          E
Chorus 2 All my violence

     F#m   **Asus2**
Raging tears upon the sheets.

    E
I'm resentful

       D
For we're strangers when we (meet.)

Instrumental | **Asus2** | **Asus2** | **A** | **A** | **A** |
meet.
| **A** | **F#m** | **D** | **E** | **F#m/C#** |
| **F#m** | **D** | **E** | **F#m/C#** ||

           E   **F#m**   **D**
Verse 3 Cold tired fingers   tapping out your memories,

         E   **F#m**   **D**
Halfway sadness   dazzled by the new.

    A   **G/A**
Your embrace, it was all that I feared.

          E   **F#m7add11**
That whirling room, we trade by vendu.

         E
Chorus 3 Steely resolve

  F#m   **Asus2**
Is falling from me,

    E
My poor soul

  D   **Asus2**
All bruised passivity.

    E
All your regrets

  F#m   **Asus2**
Ride rough-shod over me.

cont.

     E
I'm so glad

         D   **Asus²**
That we're strangers when we meet.

    E   **F♯m**   **Asus²**
I'm so thankful that we're strangers when we meet.

    E   **D**   **Asus²**
I'm in clover for we're strangers when we meet.

       E   **F♯m**
Heel head over but we're strangers when we (meet.)

Link 2 | **D** | **E** | **F♯m⁷add¹¹** ||
    meet.

Coda

D   **E**
Strangers when we meet,

||: **F♯m⁷add¹¹**   **D**
Strangers when we meet,

E   **F♯m⁷add¹¹**
Strangers when we meet,

D   **E**
Strangers when we meet. :||

F♯m⁷add¹¹   **D**
Strangers when we meet,

E   **F♯m⁷add¹¹**
Strangers when we meet.

| **D** | **E** | **F♯m⁷add¹¹** | **Esus⁴** ||

Suffragette City

Words & Music by David Bowie

A F B D C G

Intro | A | A | A | A | A | A ||

Verse 1
    A   F   G
(Hey man,) oh leave me alone you know.
    A   F   G
(Hey man,) oh Henry, get off the phone, I gotta,
    A   B
(Hey man,) I gotta straighten my face,
       D   F   G
This mellow-thighed chick just put my spine out of place.

Verse 2
    A   F   G
(Hey man,) my schooldays insane,
    A   F   G
(Hey man,) my work's down the drain.
    A   B
(Hey man,) well she's a total blam-blam,
      D   F   G
She said she had to squeeze it but she, and then she…

Chorus 1
             A
Oh don't lean on me, man,
                 D
'Cause you can't afford the ticket,
F   C   G
  I'm back on Suffragette City.

            A
Oh don't lean on me, man,
             D
'Cause you ain't got time to check it.
F   C   G
  You know my Suffragette City
       A
Is outta sight, she's all (right.)

© Copyright 1971 Tintoretto Music/RZO Music Ltd (37.5%)/
EMI Music Publishing Limited (37.5%)/
Chrysalis Music Limited (25%).
All Rights Reserved. International Copyright Secured.

Link | A | A | A | A ||
              right.

Verse 3
    A   **F**   **G**
(Hey man,) oh Henry, don't be unkind, go away.
    A   **F**   **G**
(Hey man,) I can't take it this time, no way.
    A   **B**
(Hey man,) droogie don't crash here:
        D   **F**   **G**
There's only room for one and here she comes, here she comes.

Chorus 2
      A
Oh don't lean on me, man,
         D
'Cause you can't afford the ticket,
F   **C**   **G**
  I'm back on Suffragette City.
      A
Oh don't lean on me, man,
         D
'Cause you ain't got time to check it.
F   **C**   **G**
  You know my Suffragette City
     A
Is outta sight, she's all (right,)

Guitar solo | A | F G | A | F G |
                 right,   oh   hit me!

               | A | B | D | F G ||

Chorus 3
      A
Oh don't lean on me, man,
         D
'Cause you can't afford the ticket,
F   **C**   **G**
  I'm back on Suffragette City.
      A
Oh don't lean on me, man,
         D
'Cause you ain't got time to check it.
F   **C**   **G**
  You know my Suffragette City.

Chorus 4
     A
Don't lean on me, man,
       D
'Cause you can't afford the ticket,
F   **C**   **G**
  I'm back on Suffragette City.
      A
Oh don't lean on me, man,
    D
'Cause you ain't got time to check it.
F   **C**   **G**
   You know my Suffragette City
    A
Is outta sight, she's all right.

Coda
F   **A** **F**   **A**
  Suffragette City, Suffragette City,
F   **A**
  I'm back on Suffragette City,
F   **A**
  I'm back on Suffragette City
F   **A** **F**   **A**
Ooo, Suffragette City, ooo, Suffragette City
      A   **F**
Oooh-ha, Suffragette City, oooh-ha,

Suffragette. | **E** | **E** | **E** |
A N.C.   **A**
  Ohhh, wham bam, thank you Ma'am!

F   **A** **F**   **A**
  Suffragette City, Suffragette City
F
Quite all right
     A   **F**
Suffragette City, too fine.
      A **F**   **A**
Suffragette City, ooh, Suffragette City.
F   **A** **F**   **A**
  Oh, my Suffragette City, oh my Suffragette City.

Oh, Suffragette, | **E** | **E** |
E   **A**
  Suffragette!

The Supermen

Words & Music by David Bowie

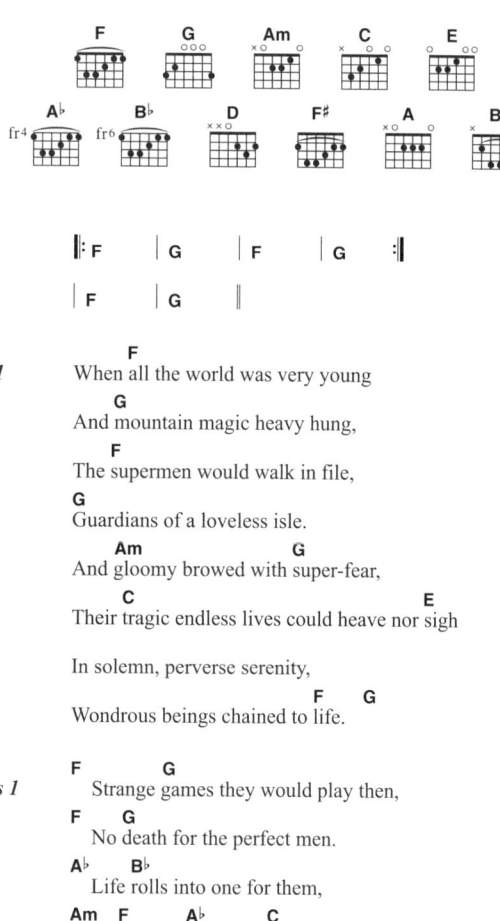

Intro   ‖: F | G | F | G :‖
           | F | G ‖

Verse 1
        F
When all the world was very young
         G
And mountain magic heavy hung,
     F
The supermen would walk in file,
G
Guardians of a loveless isle.
      Am   G
And gloomy browed with super-fear,
      C   E
Their tragic endless lives could heave nor sigh

In solemn, perverse serenity,
                           F   G
Wondrous beings chained to life.

Chorus 1
    F   G
Strange games they would play then,
F   G
No death for the perfect men.
A♭   B♭
Life rolls into one for them,
Am F   A♭   C
So softly a supergod cries.

© Copyright 1972 Tintoretto Music/RZO Music Ltd (37.5%)/
EMI Music Publishing Limited (37.5%)/
Chrysalis Music Limited (25%).
All Rights Reserved. International Copyright Secured.

Link | **F** | **G** | **F** | **G**   ‖

Verse 2

     F
Where all were minds in uni-thought,
G
Powers weird by mystics taught.
   F
No pain, no joy, no power too great,
  G
Co - lossal strength to grasp a fate.
     Am   **G**
Where sad-eyed mermen tossed in slumbers,
C   **E**
  Nightmare dreams no mortal mind could hold.

Man would tear his brother's flesh,
                   F   **G**
A chance to die, to turn to mould.

Chorus 2

F   **G**
  Far out in the red sky,
F   **G**
  Far out from the sad eyes.
A♭   **B♭**
  Strange, mad celebration,
Am **F**   **A♭**   **C**
  So softly a supergod cries.

Instrumental

| **D** | **D** | **E** | **E D** | **E** | **E D** |

| **E F♯** | **G A** | **B** | **B A** | **B** | **B A** |

| **B A** | **B C** | **D** | **C** | **D** | **C** |

| **D** | **C** | **D** | **C** | **C**   ‖

Chorus 3

F   **G**
  Far out in the red sky,
F   **G**
  Far out from the sad eyes.
A♭   **B♭**
  Strange, mad celebration,
Am **F**   **A♭**   **C**
  So softly a supergod dies.

This Is Not America

Words & Music by David Bowie, Pat Metheny & Lyle Mays

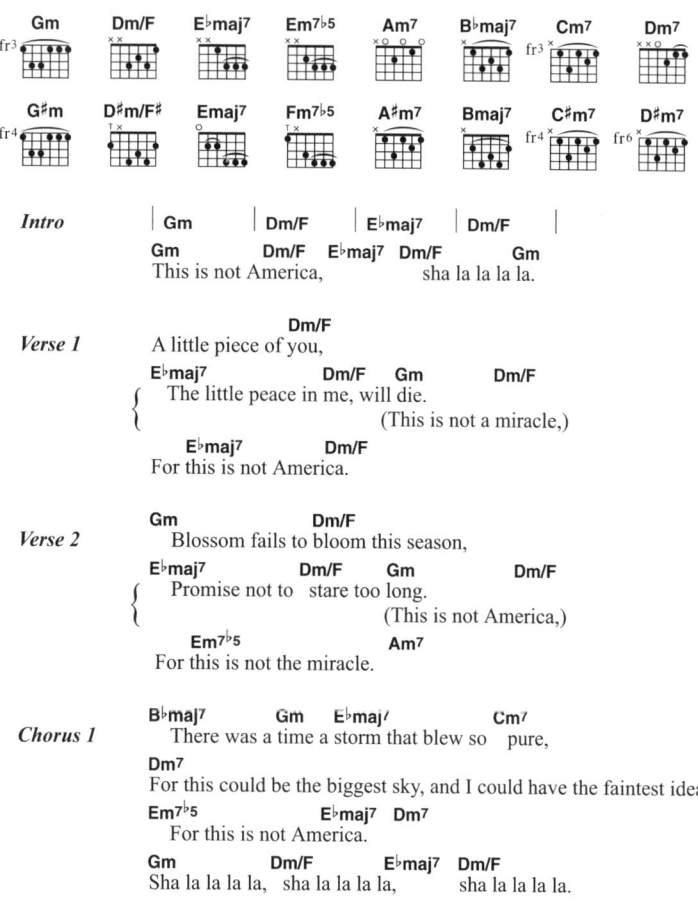

Intro | Gm | Dm/F | E♭maj7 | Dm/F |

Gm　　　　　　Dm/F　　E♭maj7　Dm/F　　　　　Gm
This is not America,　　　　　　　sha la la la la.

Verse 1
　　　　　　　　　　Dm/F
A little piece of you,
E♭maj7　　　　　　Dm/F　　Gm　　　　　Dm/F
The little peace in me, will die.
　　　　　　　　　　　　　　　(This is not a miracle,)
　　　E♭maj7　　　　　Dm/F
For this is not America.

Verse 2
　　　　　Gm　　　　　　　　Dm/F
Blossom fails to bloom this season,
　　　E♭maj7　　　　　Dm/F　　Gm　　　　　Dm/F
Promise not to　stare too long.
　　　　　　　　　　　　　　　(This is not America,)
　　　Em7♭5　　　　　　　　Am7
For this is not the miracle.

Chorus 1
　　　B♭maj7　　　　　Gm　　E♭maj7　　　　Cm7
There was a time a storm that blew so　pure,
Dm7
For this could be the biggest sky, and I could have the faintest idea
Em7♭5　　　　　　E♭maj7　Dm7
For this is not America.

Gm　　　　　　Dm/F　　　　　E♭maj7　Dm/F
Sha la la la la,　sha la la la la,　　sha la la la la.

© Copyright 1985 Pat-Meth Music Corporation/Donna-Dijon Music Publications/
Universal Music Publishing Limited (75%)/
Jones Music America/RZO Music Ltd (25%).
All rights in Germany administered by Universal Music Publ. GmbH.
All Rights Reserved. International Copyright Secured.

Verse 3

    G♯m   **D♯m/F♯**   **Emaj7**
This is not America, no,

            D♯m/F♯   **G♯m**
This is not,   sha la la la la.

                 D♯m/F♯   **Emaj7**
Snowman melting from the inside.

            D♯m/F♯ **G♯m**   **D♯m/F♯**
{ Falcon spirals to the_____ ground.
{   (This   could be the biggest sky.)

Emaj7   **D♯m/F♯**
So bloody red tomorrow's clouds.

Verse 4

    G♯m   **D♯m/F♯**
A little piece of you,

Emaj7   **D♯m/F♯** **G♯m**   **D♯m/F♯**
{ The little peace in me will_____ die.
{   (This   could be a miracle,)

    Fm7♭5   **A♯m7**
For this is not America.

Chorus 2

Bmaj7   **G♯m** **Emaj7**   **C♯m7**
There was a time a wind that blew so young,

D♯m7
For this could be the biggest sky, and I could have the faintest idea,

Fm7♭5   **Emaj7** **D♯m7**
For this is not America.

G♯m   **D♯m/F♯**   **Emaj7**   **D♯m/F♯**
Sha la la la la, sha la la la la,   sha la la la la.

Coda

| **G♯m** | **D♯m/F♯** | **Emaj7** | **D♯m/F♯** |

G♯m   **D♯m/F♯** **Emaj7**   **D♯m/F♯**
This is not America, no, this is not, sha la la la.

G♯m   **D♯m/F♯** **Emaj7**   **D♯m/F♯**
This is not America, no, this is not,

G♯m   **D♯m/F♯** **Emaj7**   **D♯m/F♯**
This is not America, no, this is not, sha la la (la.)

| **G♯m** | **D♯m/F♯** | **Emaj7** | **D♯m/F♯** |
la.

‖: **G♯m** | **D♯m/F♯** | **Emaj7** | **D♯m/F♯** :‖   *Repeat to fade*

Thursday's Child

Words & Music by David Bowie & Reeves Gabrels

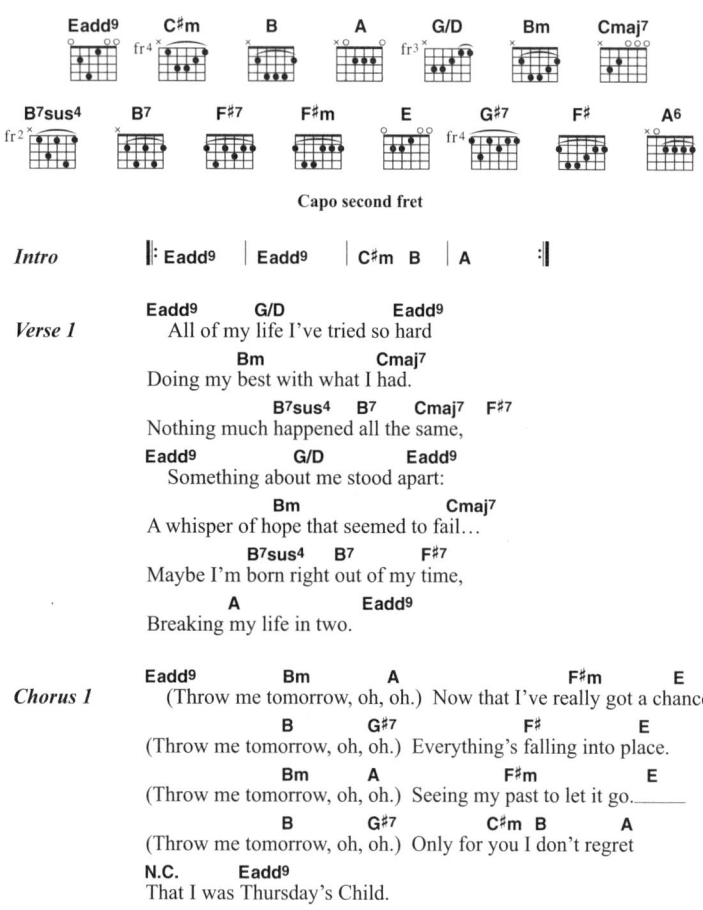

Capo second fret

Intro	‖: Eadd9 | Eadd9 | C#m B | A :‖

Verse 1
     Eadd9   **G/D**   **Eadd9**
All of my life I've tried so hard
        Bm   **Cmaj7**
Doing my best with what I had.
        B7sus4 **B7**   **Cmaj7**   **F#7**
Nothing much happened all the same,
Eadd9   **G/D**   **Eadd9**
  Something about me stood apart:
        Bm   **Cmaj7**
A whisper of hope that seemed to fail…
      B7sus4 **B7**   **F#7**
Maybe I'm born right out of my time,
    A   **Eadd9**
Breaking my life in two.

Chorus 1
Eadd9   **Bm**   **A**   **F#m**   **E**
(Throw me tomorrow, oh, oh.) Now that I've really got a chance.
        B   **G#7**   **F#**   **E**
(Throw me tomorrow, oh, oh.) Everything's falling into place.
        Bm   **A**   **F#m**   **E**
(Throw me tomorrow, oh, oh.) Seeing my past to let it go._____
        B   **G#7**   **C#m B**   **A**
(Throw me tomorrow, oh, oh.) Only for you I don't regret
N.C.   **Eadd9**
That I was Thursday's Child.

© Copyright 1999 Nipple Music/RZO Music Ltd (75%)/
My Half Music/Bug Music Limited (25%).
All Rights Reserved. International Copyright Secured.

	C#m B A Eadd9
cont.	Monday, Tuesday, Wednesday born I was,
	C#m B A
	Monday, Tuesday, Wednesday born I was.

	Eadd9 G/D Eadd9
Verse 2	Sometimes I cried my heart to sleep

             Bm   Cmaj7
Shuffling days and lonesome nights.
              B7sus4 B7   Cmaj7   F#7
Sometimes my courage fell to my feet,
Eadd9   G/D   Eadd9
  Lucky old sun is in my sky.
            Bm   Cmaj7
Nothing prepared me for your smile
              B7sus4 B7   F#7
Lighting the darkness of my soul,
         A   Eadd9
Innocence in your arms.

	Eadd9 Bm A F#m E
Chorus 2	(Throw me tomorrow, oh, oh.) Now that I've really got a chance.

             B   G#7   F#   E
(Throw me tomorrow, oh, oh.) Everything's falling into place.
            Bm   A   F#m   E
(Throw me tomorrow, oh, oh.) Seeing my past to let it go.____
            B   G#7   C#m B   A
(Throw me tomorrow, oh, oh.) Only for you I don't regret

N.C.
That I was

Eadd9
‖: Thursday's Child.
C#m   B   A
Monday, Tuesday, Wednesday born I was. :‖ *Play 3 times*

| Eadd9 | Eadd9 ‖

	C#m B A
Coda	Monday, Tuesday, Wednesday born I was.

With vocal ad libs.
| Eadd9 | Eadd9 |
C#m   B   A   C#m B | A |
Monday, Tuesday, Wednesday born I was.
C#m   B   A   A6
Monday, Tuesday, Wednesday born I was.

Time

Words & Music by David Bowie

Em F C Am C#dim7 Dm
C/E D/F# G/B Am/G G G7

Intro | Em | Em | F | C Am ||

Verse 1
     Em
Time – He's waiting in the wings,
         F
He speaks of senseless things,
            C   Am
His script is you and me, boy.
     Em
Time – He flexes like a whore,
          F
Falls wanking to the floor,
          C   Am
His trick is you and me, boy.

Pre-chorus 1
     C#dim7   Dm
Time – in Quaaludes and red wine
   C C/E F
Demanding Billy Dolls
               D/F#
And other friends of mine;

Take your time.

| | C   G/B Am   Am/G   F
Chorus 1 | The sniper in the brain, regurgitating drain
| | D/F#   G   G7   C   G/B
| | Incestuous and vain, and many other last names.
| | Am   Am/G
| | Oh well I look at my watch, it says nine twenty-five
| | F   D/F#
| | And I think, 'Oh God, I'm still alive.'
| | G   G7   C   G/B Am
| | We should be on by now,
| | Am/G   F   D/F#
| | We should be on by now.

| | G
Link | ‖: La, la, la, la, la, la, la, la.
| |
| | La, la, la, la, la, la, la, la, la. :‖ G   ‖

| | Em
Verse 2 | You – are not a victim,
| |
| | You – just scream with boredom,
| | F   C   N.C.
| | You – are not evicting time.

Solo | | Em | Em | F | C   Am ‖

| | C#dim7   Dm
Pre-chorus 2 | Chimes – Goddamn, you're looking old
| | C   C/E   F
| | You'll freeze and catch a cold
| | D/F#
| | 'Cause you've left your coat behind;
| |
| | Take your time.

| | C   G/B Am   Am/G   F
Chorus 2 | Breaking up is hard, but keeping dark is hateful,
| | D/F#   G   G7   C
| | I had so many dreams, I had so many breakthroughs.
| | G/B   Am   Am/G   F
| | But you, my love, were kind, but love has left you dreamless.

cont.
        D/F♯   **G**   **G7**   **C**
The door to dreams was closed, your park was real   dreamless,
           G/B   **Am** **Am/G**   **F**
Perhaps you're smiling now, smiling through this darkness
  D/F♯   **G**   **G7**
But all I have to give is guilt for dreaming.

| **C**   **G/B** ||

Am **Am/G**   **F**   **D/F♯ G**   **C**   **G/B**
We should be on by now,   we should be on by now,
Am **Am/G**   **F**   **D/F♯ G**   **C**   **G/B**
We should be on by now,   we should be on by now,
Am **Am/G**   **F**   **D/F♯**
We should be on by now.

Coda
   G
||: La, la, la, la, la, la, la, la.

La, la, la, la, la, la, la, la, la. :|| *Play 5 times*

Yeah, time!

Under Pressure

Words & Music by David Bowie, Freddie Mercury,
Roger Taylor, John Deacon & Brian May

Chord diagrams: D, D*, A/D, G/D, A/D*, A/C#, G/B, A, G, A/G, D/F#, A7, Bm7, C, Am, F, G6/F, Gmaj7

Intro   ‖: (D) | (D) | (D) :‖: D* | A/D | G/D | A/D* :‖

Verse 1
     D*   A/D
Pressure pushing down on me;
        G/D   A/D*
Pressing down on you, no man ask for.
      D   A/C#
Under pressure that burns a building down,
                  G/B   A
Splits a family in two, puts people on streets.

Link 1 | D | A/C# | G/B | A ‖
                                   That's okay.

Verse 2
       G   A/G
It's the terror of knowing what   this world is about,
G   A/G
Watching some good friends screaming "Let me out."
      G   A/G
Pray tomorrow gets me higher,
        D/F#   G A7
Pressure on people, people on streets.

Link 2 | (D) | (D) | (D) | (D) ‖

© 1981 Queen Music Limited (50%)/
Tintoretto Music/RZO Music Limited (42%)/
EMI Music Publishing Limited (8%).
All Rights Reserved. International Copyright Secured.

Verse 3
    D*
      Chipping around,
A/D
    Kick my brains around the floor,
G/D
    These are the days
A/D*
    It never rains but it (pours).

Link 3
| **D** | **A/C♯** | **G/B** | **A** |
pours   That's okay.

D   **A/C♯**
People on streets,
Bm7   **A**
People on streets.

Verse 4
    G   **A/G**
It's the terror of knowing what   this world is about,
G   **A/G**
Watching some good friends screaming   "Let me out."
G   **A/G**
  Tomorrow takes me higher.
         D/F♯   **G** **A7**
Pressure on people, people on streets.

Bridge
     G
Turned away from it all,
  C
Like a blind man;
G   **C**
  Sat on a fence, but it don't work.
    G
Keep coming up with love
   C
But it's so slashed and torn.
    Am
Why,___ why,
F   **G6/F** **F** **G6/F**
  Why?_____
A   **A7**
Love, love, love, love.

Verse 5
    A
Insanity laughs, under pressure we're cracking,
G **D**   **G** **A**
Can't we give ourselves one more chance?
  G **D**   **G** **A**
Why can't we give love one more chance?
  G **D**   **G** **A**   **G**
Why can't we give love, give love, give love, give love,
D   **A/C♯**
Give love, give love, give love, give love.

Verse 6
    Bm7   **A**   **D**
'Cause love's such an old-fashioned word
   A/C♯ **G/B**
And love dares you to care
  A   **D**   **A/C♯**
For the people on the edge of the night,
   Bm7 **A**
And love dares you to change our way
 Gmaj7 **A/G**
Of caring about ourselves.
Gmaj7 **A/G** **D/F♯** **G** **A7**
This is our last dance, this is ourselves
   D   **G** **A7**
Under pressure, under pressure.
D **G** **A7**
Pressure.

TVC 15

Words & Music by David Bowie

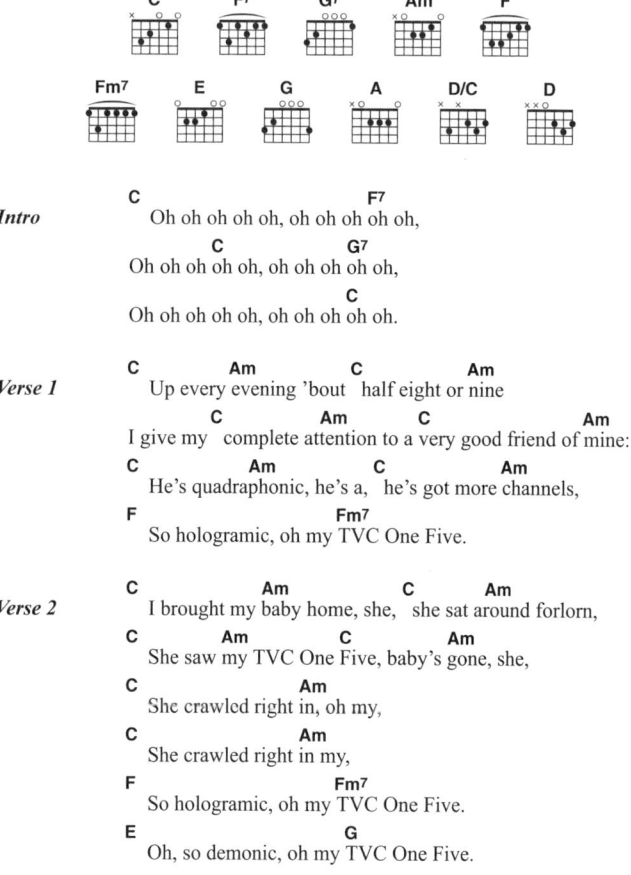

Intro
      C   F7
Oh oh oh oh oh, oh oh oh oh oh,
   C   G7
Oh oh oh oh oh, oh oh oh oh oh,
                   C
Oh oh oh oh oh, oh oh oh oh oh.

Verse 1
   C   Am   C   Am
Up every evening 'bout half eight or nine
        C   Am   C   Am
I give my complete attention to a very good friend of mine:
 C   Am   C   Am
He's quadraphonic, he's a, he's got more channels,
 F   Fm7
So hologramic, oh my TVC One Five.

Verse 2
  C   Am   C   Am
I brought my baby home, she, she sat around forlorn,
 C   Am   C   Am
She saw my TVC One Five, baby's gone, she,
 C   Am
She crawled right in, oh my,
 C   Am
She crawled right in my,
 F   Fm7
So hologramic, oh my TVC One Five.
 E   G
Oh, so demonic, oh my TVC One Five.

© Copyright 1976 Tintoretto Music/RZO Music Ltd (63%)/
Chrysalis Music Limited (25%)/
EMI Music Publishing Limited (12%).
All Rights Reserved. International Copyright Secured.

Verse 3

    C   **Am**   **C**   **Am**
Maybe if I pray every,   each night I sit there pleading:
  C   **Am**   **C**   **Am**
"Send back my dream test baby,   she's my main feature."
  C   **Am**   **C**   **Am**
My TVC One Five, he,   he just stares back unblinking,
  F   **Fm⁷**
So holograpic, oh my TVC One Five.

Verse 4

  C   **Am**
One of these nights I may just
  C   **Am**   **C**   **Am**
Jump down that rainbow way,   be with my baby, then
  C   **Am**
We'll spend some time together.
  C   **Am**   **C**   **Am**
So holograpic, oh my TVC One Five.
  F   **Fm⁷**
My baby's in there someplace,   love's rating in the sky.
  E   **G**
So holograpic, oh my TVC One Five.

Bridge 1

  F⁷
Transition, transmission.
  A
Transition, transmission.

Chorus 1

‖: **C**   **D/C** **C**   **D**   **C**   **D/C**   **C**
   Oh my TVC One Five,   oh oh, TVC One Five. :‖ *Play 4 times*

Verse 5

As Verse 3

Verse 6

As Verse 4

Link

  C   **F⁷**
Oh oh oh oh oh, oh oh oh oh oh,
     C   **G⁷**
Oh oh oh oh oh, oh oh oh oh oh,
     F⁷   **C**
Oh oh oh oh oh, oh oh oh oh oh.

Bridge 2

As Bridge 1

Chorus 2

‖: **C**   **D/C** **C**   **D**   **C**   **D/C**   **C**
   Oh my TVC One Five,   oh oh, TVC One Five. :‖ *Repeat to fade*

Underground

Words & Music by David Bowie

| G | F | Cmaj7 | D | C | Cm |
| Am | G7 | Em | E♭ | B♭ | A♭ | Bm |

Intro ‖: G | F | Cmaj7 | D :‖

Verse 1
```
      G             C         G              C
      No one can blame you   for walking a - way,
      G            F         C           G
      But too much re - jection,   no love in - jection.
                  C  G               C
      Life can't be easy,   it's not al - ways swell.
      G              F
      Don't tell me truth hurts, little girl,
      C                      Cm
      'Cause it hurts like hell.
```

Bridge 1
```
      Am              D
      But down in the underground
      Am              D
      You'll find some - one true.
      Am              D
      Down in the underground,
      Am          D          G           G7
      A land se - rene, a crystal moon, ah, ah.
```

Pre-chorus 1
```
      Em       D        C           G
      It's only   forever,   not long at all,
      F        C      E♭  B♭       C          A♭      B♭
      Lost and lonely,     that's under - ground, under - ground.
```

Chorus 1
```
      C                              F
      Daddy, daddy, get me out of here,
      C                  F
      Ha, ha, I'm under - ground.
      C                          F
        Heard about a place to - day,
      C                          F
      Nothing ever hurts a - gain.
```

© Copyright 1986 Jones Music America/RZO Music Ltd (75%)/
Jim Henson Productions Incorporated, USA/Walt Disney Music Company, USA (25%).
All Rights Reserved. International Copyright Secured.

cont.
      C   F
Daddy, daddy, get me out of here,
  C   F
Ah, ha, I'm under - ground.
  C   F
Sister, sister, please take me down,
  C   F
Ah, ah, I'm under - ground.
  C   (G)
Daddy, daddy, get me out of here.

Link 1
| G | F | Cmaj7 | D |
| G | C | G | C |

Verse 2
    G   C   G   C
No one can blame you for walking a - way,
  G   F   C   G
But too much re - jection, no love in - jection.

Bridge 2
  Am   D
But down in the underground
  Am   D
You'll find some - one true.
  Am   D
Down in the underground,
  Am   D   G   G7
A land se - rene, a crystal moon, ah, ah.

Pre-chorus 2
  Em   Bm Em   D C   G
It's only, it's only for - ever, it's not long at all.
  F   C   E♭ B♭   C   A♭   B♭
The lost and the lonely, that's under - ground, under - ground.

Chorus 2
C   F
Daddy, daddy, get me out of here,
C   F
Heard about a place to - day.
C   F
Nothing ever hurts a - gain,
C   F
Daddy, daddy, get me out of here.
C   F
Ha, ha, I'm under - ground.
C   F
Sister, sister, please take me down,
C   F
Ah, ha, I'm under - ground.
C
Daddy, daddy, get me out.

Link 2 | C | C ||

Bridge 3
```
C
Wanna live underground.

Wanna live underground.

Wanna live underground.

Wanna live underground.

Wanna live underground.

Wanna live underground.

Wanna live underground.

Wanna live underground.
```

Chorus 3
```
C                              F
Daddy, daddy, get me out of here,
C                     F
Ah, ha, I'm under - ground.
C                  F
Sister sister please take me down,
C                     F
Ah, ha, I'm under - ground.
C
Ah, ha, I'm underground.

Ah, ha, I'm underground.
               F C F
Daddy, Daddy please.____
C              F C F
Daddy, Daddy please.____
```

Link 3 | C | F | C | F ||

Outro
```
C                    F
Wanna live under - ground.
C                          F
Wanna live underground.
C                          F
Wanna live underground.
C               F
Sister, sister, take me down.
C               F
Sister, sister, take me down.   To fade
```

Unwashed And Somewhat Slightly Dazed

Words & Music by David Bowie

Chords: Am7, Asus4, Asus2, Am, F, C, D, G, Esus4, B♭, Gm, B♭m, B♭m7

Intro | Am7 | Asus4 | Am7 | Asus4 ||

Verse 1

Am7
Spy, spy, pretty girl
                                  Asus4 Asus2 Am
I see you see me through your window.

Am7
Don't turn your nose up;

Well, you can if you need to,
                        Asus4 Asus2 Am
You won't be the first or last.
F
It must strain you to look down so far
              C
From your father's house
     D   C   G   Am
And I know what a louse like me in his house could do for you.
Esus4   G   C   G   Am G
I'm___ the cream of the great U - topia dream
       Esus4
And you're___ the gleam
    D   C   G   C G
In the depths of your banker's spleen.

Link 1 | C | C F C | C | C F C ||

© Copyright 1969 Tintoretto Music/RZO Music Ltd (37.5%)/
EMI Music Publishing Limited (37.5%)/
Chrysalis Music Limited (25%).
All Rights Reserved. International Copyright Secured.

	C F C
Verse 2	I'm a phallus in pigtails

Verse 2

```
              C              F  C
I'm a phallus in pigtails
                           F  C
And there's blood on my nose
                        F  C
And my tissue is rotting
                              F  C
Where the rats chew my bones;
        F                 B♭ F
And my eye sockets empty
              B♭  F
See nothing but pain,
      C                   F  C
I keep having this brainstorm
                       F  C
About twelve times a day.
```

Chorus 1

```
            Gm             Am              B♭          C
So now you could spend the morning walking with me, quite amazed,
         F              B♭m
As I'm unwashed and somewhat slightly (dazed.)
```

Link 2

```
| C      | C F C    | C       | C F C   ||
  dazed.
```

Verse 3

```
              C              F  C
I got eyes in my backside
                         F  C
That see electric tomatoes
                       F  C
On credit card rye bread;
                           F  C
There are children in washrooms
      F                B♭ F
Holding hands with a queen,
                     B♭ F
And my head's full of murders
         C              F  C
Where only killers scream.
```

Link 2

```
| C      | C F C    ||
```

Chorus 2

```
            Gm             Am              B♭          C
So now you could spend the morning talking with me quite amazed.
          F              B♭m7     B♭m
Look out, I'm raving mad and somewhat slightly dazed.
```

Link 4 | C | C F C | C | C F C ‖

Solo   ‖: F | F B♭ F | F | F B♭ F |

             | C | C F C | C | C F C :‖

             | G | G | C | C F C ‖

Verse 4
       C   F C
    Now you run from your window
         F C
    To the porcelain bowl
          F C
    And you're sick from your ears
         F C
    To the red parquet floor;
    F   B♭ F
    And the Braque on the wall
        B♭ F
    Slides down your front
    C   F C
    And eats through your belly;
       F C
    It's very catching.

Chorus 3
    Gm   Am
    So now you should spend the mornings
       B♭   C
    Lying to your father, quite amazed
     F   B♭m B♭m7
    About the strange unwashed and happily slightly (dazed.)

Coda | C | C F C | C | C F C ‖
    dazed.

    ‖: C | C F C | C | C F C :‖   *Repeat to fade*

Velvet Goldmine

Words & Music by David Bowie

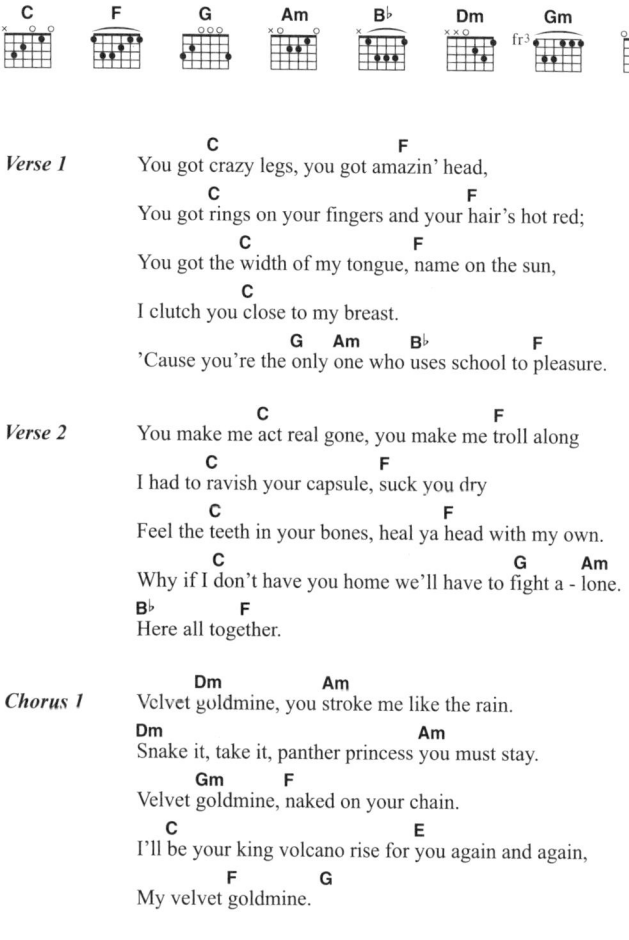

Verse 1
           C   F
You got crazy legs, you got amazin' head,
      C   F
You got rings on your fingers and your hair's hot red;
           C   F
You got the width of my tongue, name on the sun,
         C
I clutch you close to my breast.
           G   Am   B♭   F
'Cause you're the only one who uses school to pleasure.

Verse 2
           C   F
You make me act real gone, you make me troll along
      C   F
I had to ravish your capsule, suck you dry
    C   F
Feel the teeth in your bones, heal ya head with my own.
        C   G   Am
Why if I don't have you home we'll have to fight a - lone.
B♭   F
Here all together.

Chorus 1
      Dm   Am
Velvet goldmine, you stroke me like the rain.
Dm   Am
Snake it, take it, panther princess you must stay.
      Gm   F
Velvet goldmine, naked on your chain.
    C   E
I'll be your king volcano rise for you again and again,
   F   G
My velvet goldmine.

© Copyright 1972 Tintoretto Music/RZO Music Ltd (37.5%)/
EMI Music Publishing Limited (37.5%)/
Chrysalis Music Limited (25%).
All Rights Reserved. International Copyright Secured.

Verse 3

           C   F
You're my taste, my trip, I'll be your master zip;
         C   F
I'll chop your hair off for kicks, you'll make me jump to my feet.
        C   F
So you'll give me your hand, give me your sound,
  C
Let my sea wash your face,
        G   Am
I'm falling, I can't stand, oooh!
B♭   F
Clutch your makeup!

Chorus 2   As Chorus 1

Solo | C F | C F |
          C   F   C G | Am | B♭ F ‖
      Shoot you down, bang bang.

Chorus 3   As Chorus 1

Coda   ‖:   Dm | Am | Dm | Am | Gm |
          Velvet goldmine,   velvet goldmine,

        | F | C | E | F | G   :‖ *Repeat*
                      my velvet goldmine.   *to fade*

We Are The Dead

Words & Music by David Bowie

Chords: Gm, B♭/F, F, B♭/D, D, E♭, D7/F#, Gm7/F, C/E, F/E♭, B♭, Fm/A♭, G♭, Cm, Cm/B♭

Intro | Gm B♭/F | F | Gm B♭/F | F ||

Verse 1
```
         Gm         B♭/F    F
Something kind of hit me to - day,
              B♭/D           D        E♭   B♭/D
I looked at you and wondered if you saw things my way.
  F      D7/F#    Gm
People will hold us to blame,
   Gm7/F    E♭   C/E      F
It hit me to - day, it hit me to - day.
   Gm        B♭/F     F
We're taking it hard all the time,
              B♭/D
Why don't we pass it by
        D         E♭                 B♭/D
Just re - ply, you've changed your mind.
         F          D7/F#      Gm
We're fighting with the eyes of the blind,
Gm7/F     E♭    C/E      F
Taking it hard, taking it hard
         F/E♭   B♭/D   B♭
Yet now.____
```

© Copyright 1974 Tintoretto Music/RZO Music Ltd (37.5%)/
EMI Music Publishing Limited (37.5%)/
Chrysalis Music Limited (25%).
All Rights Reserved. International Copyright Secured.

Chorus 1

   Fm/A♭   G♭   F   Cm
We feel that we are paper, choking on you nightly.
     Cm/B♭   Fm/A♭   G♭   F
They tell me "Son, we want   you, be e - lusive, but don't walk far."
      Cm   Cm/B♭   Fm/A♭   G♭
For we're   breaking in the new boys,   deceive your next of kin.
      F   Cm   Cm/B♭   Fm/A♭
For you're dancing where the dogs decay,   defecating ecstasy.
     G♭   F   Cm   Cm/B♭
You're just an ally of the leecher, lo - cator for the virgin king.
    Fm/A♭   G♭   F   Cm
But I love you in your fuck-me pumps and your nimble dress that trails.
   Cm/B♭   Fm/A♭   G♭   F
Oh, dress yourself, my urchin one, for I hear them on the rails.
        Cm   Cm/B♭   Fm/A♭
Because of all we've seen,   because of all we've said,
G♭   D   C/E D C/E
  We are   the dead._____

Verse 2

Gm   B♭/F   F
One thing kind of touched me to - day,
         B♭/D   D   E♭   B♭/D
I looked at you and   counted all the times we had laid.
F   D7/F♯   Gm
Pressing our love through the night,
Gm7/F   E♭ C/E   F
Knowing it's right, knowing it's right.
Gm   B♭/F   F
Now I'm hoping someone will care,
      B♭/D   D   E♭ B♭/D
Living on the breath of a hope to be shared.
F   D7/F♯   Gm
Trusting on the sons of our love,
   Gm7/F   E♭ C/E   F
That someone will care, someone will care.
       F/E♭ B♭/D B♭
But now._____

Chorus 2

    (B♭)   **Fm/A♭**   **G♭**
We're to - day's scrambled creatures,
F   **Cm**
Locked in tomorrow's double feature.
Cm/B♭   **Fm/A♭**   **G♭**   **F**
Heaven is on the pillow, its silence competes with hell.
    Cm   **Cm/B♭**   **Fm/A♭**   **G♭**
It's a twenty-four hour service, guaran - teed to make you tell.
F   **Cm**   **Cm/B♭**   **Fm/A♭**
And the streets are full of pressmen bent on getting hung and buried.
    G♭   **F**   **Cm**   **Cm/B♭**
And the legendary curtains are drawn 'round baby bankrupt
    Fm/A♭   **G♭**
Who sucks you while you're sleeping.
    F   **Cm**   **Cm/B♭**   **Fm/A♭**
It's the theatre of fi - nanciers, count them,   fifteen, 'round a table,
G♭   **F**
White and dressed to kill.
    Cm   **Cm/B♭**   **Fm/A♭**   **G♭**
Oh ca - ress yourself, my juicy for my hands have all but withered.
    F   **Cm**   **Cm/B♭**   **Fm/A♭**
Oh dress yourself my urchin one, for I hear them on the stairs.
        G♭   **F**   **Cm**   **Cm/B♭**
Because of all we've seen,   because of all we've said,
D   **C/E**   **D C/E**
  We are the dead.
  D   **C/E D C/E**
We are   the dead.
        D   **C/E D C/E Gm B♭/F F**
We are the dead.

The Width Of A Circle

Words & Music by David Bowie

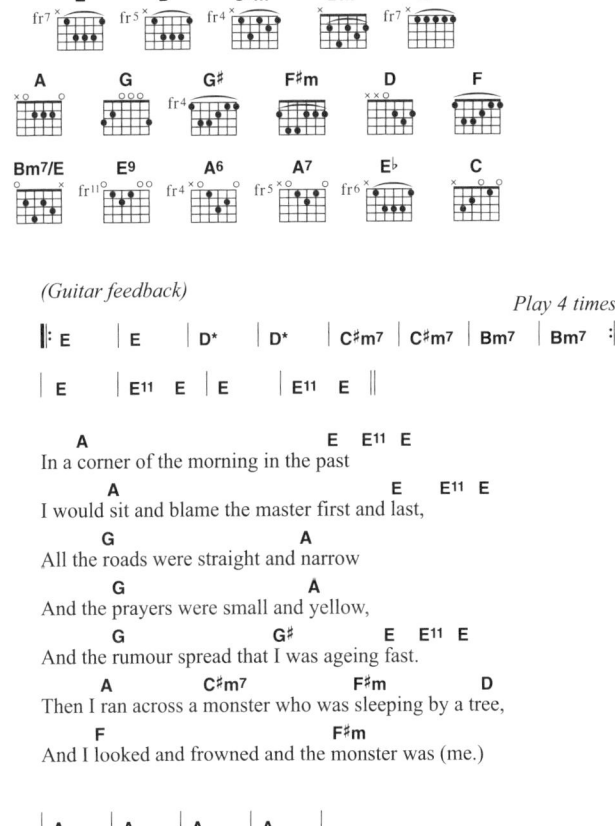

Intro   (Guitar feedback)

|: E | E | D* | D* | C#m7 | C#m7 | Bm7 | Bm7 :| *Play 4 times*

| E | E11 E | E | E11 E ||

Verse 1
```
          A                        E   E11 E
In a corner of the morning in the past
          A                        E   E11 E
I would sit and blame the master first and last,
       G               A
All the roads were straight and narrow
       G               A
And the prayers were small and yellow,
       G             G#        E   E11 E
And the rumour spread that I was ageing fast.
    A          C#m7         F#m            D
Then I ran across a monster who was sleeping by a tree,
    F                        F#m
And I looked and frowned and the monster was (me.)
```

Link 1 | A | A | A | A |

me.

| E | E11 E | E | E11 E ||

© Copyright 1971 Tintoretto Music/RZO Music Ltd (37.5%)/
EMI Music Publishing Limited (37.5%)/
Chrysalis Music Limited (25%).
All Rights Reserved. International Copyright Secured.

Verse 2
          A   E   E11 E
Well, I said, "Hello," and I said, "Hello."
        A   E   E11 E
And I asked "Why not?" and I replied, "I don't know."
   G   A   G   A
So we asked a simple blackbird, who was happy as can be,
   G   G#   E
Well he laughed insane and quipped, "Kahlil Gibran."
    A   C#m7   F#m   D
And I cried for all the others till the day was nearly through
  F   F#m   A
For I realised that God's a young man___ too.

Link 2 | E | E11 E | E | E11 E ||

Solo ||: E | E | E | E   :|| *Play 9 times*

Link 3 | E | E11 E | E | E11 E ||

Verse 3
      A   E   E11 E
Oh I said, "So long," and I waved, "Bye-bye."
     A   E   E11 E
And I smashed my soul and traded my mind.
  G   A   G   A
Got laid by a young bordello, who was vaguely half asleep,
       G   G#   E
For which my reputation swept back home in drag.
     A   C#m7   F#m   D
And the morals of this magic spell negotiate my hide
  F   F#m   A   E
When God did take my logic for a ride.   Riding along.

                                                                      Play 3 times
Link 4 ||: E | E | D* | D* | C#m7 | C#m7 | Bm7 | Bm7 :||

            | E | E | D* | D* | C#m7 | C#m7 |

Slower: ||: Bm7/E | Bm7/E | E9 | E9 | A6 | A7   :||

            ||: F | E♭ | D | D   :||

            ||: F   E♭   D*   :||
            Oh, oh, oh, oh, oh, oh, oh.

Link 5 | D | D C G | D | D C G ||

Verse 4	**D** **C G**

Verse 4

  D   **C G**
He swallowed his pride and puckered his lips
    D   **C G**
And showed me the leather belt round his hips.
  D   **C G**
My knees were shaking, my cheeks aflame,
              D   **N.C.**
He said, "You'll never go down to the Gods again."
        C G
(Turn around, go back!)

Verse 5

  G
He struck the ground, a cavern appeared
      A
And I smelt the burning pit of fear.
  G
We crashed a thousand yards below,
       D   **N.C.**
I said "Do it again, do it again."
       C G
(Turn around, go back!).

Verse 6

  D   **C G**
His nebulous body swayed above,
  D   **C G**
His tongue swollen with devils love,
  D   **C G**
The snake and I, a venom high,
       D   **N.C.**
I said "Do it again, do it again."
      C G
(Turn around, go back!)

Verse 7

  G
Breathe, breathe, breathe deeply
      A
And I was seething, breathing deeply,
  G   **D**   **C G**
A spitting sentry, horned and tailed, waiting for you.

Play 8 times

Solo 2   ‖: **A** | **A**   **G D** | **A** | **A**   **G D** :‖ **A** | **(A)**   ‖

Coda

  F   **E♭**   **D***
Oh, oh, oh, oh, oh, oh, oh.
  F   **E♭**   **D***
Oh, oh, oh, oh, oh, oh, oh.

Wild Is The Wind

Words by Ned Washington
Music by Dimitri Tiomkin

Chord diagrams: Am9 (fr5), Am7 (fr5), C/G, F, Dm, Dm7, F/G, G, E, Am, Cadd9, G/B, Em

Intro

| Am9 Am7 | Am7 | C/G | C/G | F | F |
| Dm | Dm7 | F/G | G | E | E ||

Verse 1

    Am   Dm
Love me, love me, love me, love me, say you do,
    Am   Dm
Let me fly away with you.
F/G G   F/G   G   Cadd9   G/B
   For my love is like____ the wind,
    Am   E
And wild is the wind, wild is the wind.

Verse 2

    Am   Dm
Give me more____ than one caress,
    Am   Dm
Satisfy this____ hungriness.
F/G G   F/G G   Cadd9   G/B
   Let the wind blow through____ your heart
    Am   E   G
For wild is the wind, wild is the wind.____

Chorus 1

Cadd9   Am
You____ touch me,
F   Dm7
I hear the sound of mandolins,
E
You____ kiss me.

© Copyright 1957 Ross Jungnickel Incorporated/Largo Music Incorporated, USA.
Carlin Music Corporation (50%)/
Universal Music Publishing International MGB Limited (50%).
All Rights Reserved. International Copyright Secured.

cont.

    Am   C/G
With your kiss my life____ begins:

F   G   F   Em
   You're spring____ to me, all things to me,

Dm7 N.C.
   Don't you know you're life itself?

Verse 3

Am   Dm
Like the leaf   clings to the tree,

Am   Dm
Oh, my darling, cling to me.

F/G G F/G   G   Cadd9   G/B
        For we're like creatures____ of the wind,

     Am   E   G
And wild is the wind, wild is the wind.____

Chorus 2

Cadd9   Am
  You____ touch me,

F   Dm7
  I hear the sound of mandolins,

E
  You____ kiss me.

Am   C/G
With your kiss my life begins:

F   G   F   Em
  You're spring to me, all things to me,

Dm7 N.C.
   Don't you know you're life itself?

Verse 4

Am   Dm
Like the leaf clings to the tree,

Am   Dm
Oh, my darling, cling to me.

F/G G   F/G   G   Cadd9   G/B
       For we're like creatures____ in the wind,

     Am   C/G
And wild is the wind, wild is the wind.

Coda

F   Dm   F/G   G
Wild is the wind, wild is the wind,

    E   Am   C/G
Wild____ is____ the wind.____

| F | F | Dm | Dm | F/G |
| G | E | E | Am | Am ‖ |

To fade

Young Americans

Words & Music by David Bowie

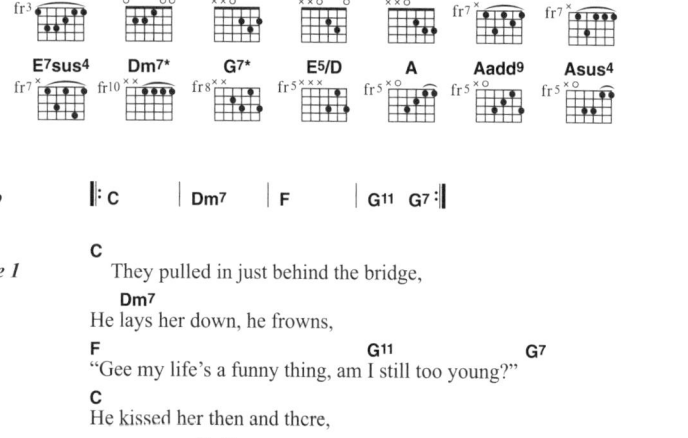

| Intro | ‖: C | Dm7 | F | G11 G7 :‖ |

Verse 1
```
          C
     They pulled in just behind the bridge,
       Dm7
He lays her down, he frowns,
     F                                      G11           G7
"Gee my life's a funny thing, am I still too young?"
          C
     He kissed her then and there,
           Dm7
She took his ring, took his babies.
       F
It took him minutes, took her nowhere,
G11                   G7
Heaven knows, she'd have taken anything.
```

Chorus 1
```
          F   G11         G7
     (All night) She wants the young American.
          C                    Dm7
     (Young American, young A - merican, she wants the young American)
          F   G11         G7
     (All right) She wants the young American.
```

Verse 2

  C
  Scanning life through the picture window,

 Dm7
She finds the slinky vagabond.

 F
He coughs as he passes her Ford Mustang,

 G11   **G7**
But heaven forbid, she'll take anything.

C
 But the freak, and his type, all for nothing,

Dm7
 He misses a step and cuts his hand.

F
 Showing nothing, he swoops like a song,

   G11   **G7**
She cries "Where have all Papa's heroes gone?"

Chorus 2

F **G11**   **G7**
(All night) She wants the young American.

C   **Dm7**
 (Young American, young A - merican, she wants the young American)

F **G11**   **G7**
(All right) She wants the young American.

Verse 3

 C
 All the way from Washington,

  Dm7
Her bread-winner begs off the bathroom floor.

 F
"We live for just these twenty years,

  G11
Do we have to die for the fifty more?"

Chorus 3

F **G11**   **G7**
All night he wants the young American.

C   **Dm7**
 (Young American, young A - merican, he wants the young American)

F **G11**   **G7**   **(Am)**
(All right) He wants the young American.____

Link 1 | | Am G | F   G | Am G | F   G ‖

Bridge
    Am   Em   C   G
    Do you re - member,   your President Nixon?
    Am   Em   F   E
    Do you re - member, the bills you have to pay or even yesterday?

Link 2 | D Dsus^2 D Dsus^4 D Dsus^2 D |

| Em^7 E^{7}sus^2 Em^7 E^{7}sus^4 Em^7 E^{7}sus^2 Em^7 |

| Dm^{7*} G^{7*} | E^5/D   A   Aadd^9 A ‖

Verse 4
D
    Have you been an un-American?
Em^7
    Just you and your idol singing falsetto
      G
About leather, leather everywhere
E^5/D   A   Aadd^9 A
    And not a myth left from the ghetto.
D
Well, well, well, would you carry a razor
Em^7
    In case, just in case of depression?
G
    Sit on your hands on the bus of survivors
E^5/D   A   Aadd^9 A
Blushing at all the afro-sheeners.
D
Ain't that close to love?
    Em^7
Well, ain't that poster love?
  G
Well, it ain't that barbie doll,
E^5/D   A   Aadd^9 A
Her hearts have been broken just like you have…

	G A
Chorus 4	(All night) All night you want the young American.

D   **Em7**
  (Young American, young A - merican, you want the young American)

G   Asus4   A
All right, you want the young American.

D
Verse 5 You ain't a pimp and you ain't a hustler,

  Em7
A pimp's got a Cadi and lady got a Chrysler.

G
Black's got respect and white's got a soul train,

E5/D   **A**   **Aadd9   A**
Mama's got cramps and look at your hands ache.

D   **Em7**
(I heard the news today, oh boy)

I got a suite and you got defeat,

G
Ain't there a man who can say no more?

  E5/D   **A**
And ain't there a woman I can sock on the jaw?

   D
And   ain't there a child I can hold without judging?

Em7
  Ain't there a pen that will write before they die?

G
  Ain't you proud that you've still got faces?

Asus4
  Ain't there one damn song that can make me break down and cry?

G   Asus4   A
Chorus 5 All night I want the young American.

D   **Em7**
  (Young American, young A - merican, I want the young American)

G   Asus4   A   **D**
All right I want the young A - merican, young Ameri - can.

Outro ‖: **D**   **Em7**
    (Young American, young A - merican, I want the young American)

G   Asus4   A
(All night)

D   **Em7**
  (Young American, young A - merican, I want the young American)

G   Asus4   A
(All right)   :‖ *Repeat ad lib. to fade*

Ziggy Stardust

Words & Music by David Bowie

Intro	‖: G　D　│Cadd9　G/B　G5/A :‖ *Play 4 times*

Verse 1
```
       G                  Bm7                    C
   Ziggy played guitar, jamming good with Weird and Gilly
                          D
And the spiders from Mars.
           G                          Em
He played it left hand but made it too far,
           A                    C
Became the special man, then we were Ziggy's band.
```

Verse 2
```
       G                 Bm7                         C
   Ziggy really sang, screwed up eyes and screwed down hairdo
           D
Like some cat from Japan,
              G                              Em
He could lick 'em by smiling, he could leave 'em to hang,
                A                      C
They came on so loaded man, well-hung and snow-white tan.
```

Chorus 1
```
   A5   G5      F5       G5
   So where were the Spiders
   A5      G5      F5          G5
   While the fly tried to break our balls?
   A5      G5       F5
   Just the beer light to guide us,
      G5 D                                        E
So we bitched about his fans and should we crush his sweet hands?
```

Link　　　‖: G　D　| Cadd9　G/B　G5/A :‖

Verse 3
　　　　　G　　　　　　　　　　Bm7　　　　　　　　　　　C
　　　　　Ziggy played for time, jiving us that we were voodoo.
　　　　　　　　　　　　　　D
　　　　　The kids were just crass,
　　　　　　　　　　　G　　　　　　　　　Em
　　　　　He was the nazz with God-given ass.
　　　　　　　　　　　A　　　　　　　　　　　　　C
　　　　　He took it all too far but boy could he play guitar.

Chorus 2
　　　　A5　　G5　　　　F5　　G5
　　　　Making love with his ego,
　　　　A5　　G5　　　　F5　　　　　G5
　　　　Ziggy sucked up into his mind.
　　　　A5　　G5　　　F5
　　　　Like a leper messiah
　　　　　　G5　D　　　　　　　　　　　　　　　E
　　　　When the kids had killed the man I had to break up the band.

Coda　　　| G　D　| Cadd9　G/B　G5/A　|

　　　　　　| G　D　| Cadd9　G/B　G5/A　|
　　　　　　　　　　　　　　　　　　　　　　(Oh

　　　　　　| G5　D　| Cadd9　G/B　G5/A　| G　D　|
　　　　　　yeah!)　　　　　　　　　　　　　(Ooh - ooh.)

　　　　　Cadd9　N.C.　　　　　G
　　　　　　Ziggy played guitar.___

Relative Tuning

The guitar can be tuned with the aid of pitch pipes or dedicated electronic guitar tuners which are available through your local music dealer. If you do not have a tuning device, you can use relative tuning. Estimate the pitch of the 6th string as near as possible to E or at least a comfortable pitch (not too high, as you might break other strings in tuning up). Then, while checking the various positions on the diagram, place a finger from your left hand on the:

5th fret of the E or 6th string and **tune the open A** (or 5th string) to the note (A)

5th fret of the A or 5th string and **tune the open D** (or 4th string) to the note (D)

5th fret of the D or 4th string and **tune the open G** (or 3rd string) to the note (G)

4th fret of the G or 3rd string and **tune the open B** (or 2nd string) to the note (B)

5th fret of the B or 2nd string and **tune the open E** (or 1st string) to the note (E)

Reading Chord Boxes

Chord boxes are diagrams of the guitar neck viewed head upwards, face on as illustrated. The top horizontal line is the nut, unless a higher fret number is indicated, the others are the frets.

The vertical lines are the strings, starting from E (or 6th) on the left to E (or 1st) on the right.

The black dots indicate where to place your fingers.

Strings marked with an O are played open, not fretted.
Strings marked with an X should not be played.

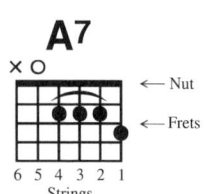

The curved bracket indicates a 'barre' - hold down the strings under the bracket with your first finger, using your other fingers to fret the remaining notes.

N.C. = No Chord.